デザイン：

刈谷悠三＋角田奈央＋平川響子／
neucitora

Chapter3 事例断面図イラスト作成：

中山繁信（TESS計画研究所）

杉本龍彦（杉本龍彦建築設計）

断—面—図—で わ—か—る 建—築—設—備

彰国社

Seizo Kakinuma
Ryoji Osawa

Sectional M.E.P. Building Systems
Design

柿沼整三・大澤良二

［著］

はじめに ─── 建築設備はどこにあるのか

現代の建築においては、どのような規模、用途の建物であっても、そこで人が活動する以上、建築設備はなくてはならないものである。空調、給排水、換気をはじめ、照明、電気、ガス、消防などこれらのどれが欠けても、いかに短期間であっても、その中での活動には不可欠と言っても過言ではないだろう。

　ところで、建築設備の多くは建築空間の内外の活動をバックアップしているが、空間の内部において見えない場所にあることが少なくない。天井裏や床下、壁内などのスペースには濃密に設備機器が取合いをしているが、そうした部分においては、建築の設計を仕事としていても意識が向かない場合もあるようだ。

　筆者は長年、建築設備設計を生業としている。起業からしばらくは、建築図がほぼできあがった段階から設計チームに参加していたことが多かった。ところがその建築図には設備スペースや設備室が描かれていないことが多々あった。こうした場合、設備設計を進めながら建築図の見直しをしていくこととなる。建築設備の必要性は認められているが、必要な設備スペースや設備室の位置や大きさが理解されていない。設備が、設計プロセスにおいて後追いをさせられることによって、建築計画を左右したり、設計者の意匠的意図が実現できなくなったりすることもある。まがりなりにも建築を学んだ者としては歯がゆい思いがした。

　ごく最近まで（筆者の実感としては）、こうしたことが続いたが、現在は、設計チームは意匠、構造、設備がほぼ同時に発足し、キックオフミーティングが開催されるようになった。こうした動きが大きく変容した背景には、建築業界全体としての、環境建築への意識の高まりや、建築物省エネ法クリアを心掛けるようになったことがあるといえる。

　さて、建築設備設計においては、建築の用途、構造、規模そして建築計画によって要求水準や求められる必要設備項目が異なったり、設備負荷が建築計画によって左右されたりする。これを定量化し、設備システムとして構築するのが建築設備家の仕事である。各種設備を建築計画に落とし込んで、建築と同化させることが求められる。

　このときに、建築計画を平面図から読みとるだけではなく、断面図上から探求することで、空間の中の必要スペースがよりわかりやすく見えてくる。設備の経路や機器の大きさを検討する際に、各種設備の中でも大きなスペースを必要とする空調・換気設備においてはこのやり方は有効である。同時に平面図では設備室の配置も検討する必要がある。

　意匠設計者は早期に設計チームを組み上げ、必要な設備スペースを建築計画に反映する必要があるが、このとき設備だけでなく、構造設計者など各者の考え

方を設計コンセプトに合わせて、一つにする努力が求められる。

　本書のChapter3にはさまざまな用途の17事例において、断面図に設備の配置、経路を示している。建築空間と設備図を同時に表現、提示することで、意匠と設備の取合いを読者が理解するのに役立つことを期待する。

　特に経験の浅い意匠設計者は、意匠的な理由で、設備機器や配管、ダクトを変更したい場合は、代案として、その設備を納めるスペースを確保できるように断面を重視する必要がある。

　同様に若手設備設計者は、意匠設計者と協同しながら解決を見出す努力をすべきである。設備は建築とともに機能して、目的が達成できる意義を肝に銘じるべきである。その解法のアイディアが本書にて見出せれば幸いである。

　また、近年、BIMが設計図書で大きな役割を担っている。設備図をBIMで表現するとき、断面も同時に描くことになる。BIMを入力するうえで若手設備技術者には、設備の断面上の納まりを理解する必要がある。そのときの基礎知識としても、本書を活用していただければ大いに役立つであろう。

　本書ではこのほか、Chapter1に、設備と意匠、構造のかかわり、また、現代の設備と建築を考えるうえで必要な基礎知識をまとめた。Chapter2では多種にわたり複雑（と思われがち）な建築設備を、まずは簡略化した断面図のダイアグラムで提示することで、Chapter3以降の事例を見るための基礎を培うことを意図している。

　共著者の大澤良二はエステック計画研究所を主宰し多くの環境建築にかかわり、建築設備に造詣が深い。本書をまとめるにあたって、意匠設計者と設備設計者の両者の視点から原稿を執筆してもらった。また、17事例の断面図においては、建築空間の豊かさ、楽しさを表現するために建築家・中山繁信氏、杉本龍彦氏が手描きの図を作成している。設備の図と手書きの図が合わさり、見たことのないような表情の断面図となっていると思う。最後に、本書は彰国社尾関恵氏担当のもと、出版までの長期間、とどまることもなく続けられたことで可能となったといえる。

著者を代表して｜柿沼整三

Chapter1

建築と設備設計の 基礎知識

Chapter2

建築設備の 断面ダイアグラム

Chapter3

断面図でわかる
建築設備の事例

033

Chapter 3

Chapter1

建築と設備設計の基礎知識

建築のなかで快適性、安全性、機能性を追求していくと設備が必要となる。このとき、設備は何らかの要求性能を発揮することで目的を達成させる。そして、設備を稼働させることはエネルギーを消費することになり、エネルギーの消費はCO_2の排出を伴うため、地球環境保全に取り組みながらSDGs（Sustainable Development Goals）を目指すことになる。このとき、建築意匠、構造、そして設備は多くの制約のなかで共存しなければならない。建築意匠、建築構造が健全であれば、建築としての安心安全を確保することが可能となり、あわせて設備も更新しながら、新しく機能を発揮することが可能となる。本章では、そのための手法を紹介しながら基礎知識を身につけられるようにしたい。

1

1 建築と建築設備の関係

1.1 建築と建築設備

　建築物としての建築の主たる機能は、①地震に対する耐震性確保、②雨水からの防御、③暑さ寒さへの対策（断熱性、遮熱性）、④空気の入換え（開口部）、⑤自然光の採入れ、⑥火に対する耐火性能、⑦開口部における防犯性能などである。

　これに対して建築的な手法のみで補えない要素、つまり機能を設備的手法により補完する装置が建築設備といえる。主たる建築設備の機能は、①水（雨水を含む）のコントロール（給水、給湯、排水通気設備）、②室温（寒暑）のコントロール（冷暖房設備）、③空気質のコントロール（換気設備）、④光のコントロール（照明設備）、⑤エネルギー供給（ガス、電気、石油などの供給）、⑥情報網の整備（TEL、TV、LAN、放送網の確立）、⑦防災設備などである。

1.2 建築設計と建築設備

　建築設計と建築設備相互の関係性において建築計画上大きくかかわる要素の第1は、水（給水、給湯、排水）と冷暖房設備、換気設備である。大規模建築は別として特に中小規模建築においては、それら設備の建築空間に占める比率が大きくなる。その結果、配管経路の合理的ルート、建築構造との整合性が求められ、さらには各設備機器の屋外、屋内における美観的配置、納まりが重要となる。第2は省エネルギーに向けた建築設計と建築設備相互の連携である。殊に冷暖房設備における省エネルギー計画とそれにかかわる建築計画においては、熱負荷の低減方策としての屋根、外壁の断熱仕様の充実に加え、窓ガラス等のサイズ、仕様（複層ガラス、Low-Eガラスなど）、そして取付け位置（方位）が重要となる。このように建築と建築設備の相互補完がよりスムーズに機能することで建築の快適性、機能性、省エネルギー性、安全性、空間性がより高まっていく。

1.3 建築用途と建築設備

　建築はその目的とする用途を形づくっている。その用途は一般に建築基準法および消防法で定義されているが、必ずしも法令の区分に特定することができない。そのため類似用途により整理されている。この用途に合わせ建築設備が求められれば、これを満足させるための装置や容量が決定され、用いられることになる。そのため建築用途により、その特徴を把握する必要がある。

その大きな要素として建物の規模、利用者数や使用時間によって建築設備のシステムや容量が左右されることになる。現在の建築では多くの要求が建築設備に向けられる傾向にある。しかし、建築のあり方は建築本体で、その用途を満足させる環境を提供すべきでもある。

1.4 建築設備の機能

　建築空間は人の用途を満足させればよい。しかし、人間の安全や快適性をより追求すると、光の確保、温湿度の維持、空気質への要求、そして生理的なサポートや情報の提供が必要となる。これを建築設備として建築に採用することで、より高い建築用途の質や機能を確保しているともいえる。つまり建築設備は建築本来の機能をより高度に維持するために設置されたものといえる。そして設備を稼働させるにはエネルギーが供給されることでその機能を発揮・維持する。

1.5 建築設備計画の考え方

　建築に設備を設けることは、現在の建物では当然となっているが、建築設備を機能させることにより、つまりはこれによって使用されるエネルギーで、建築空間での豊かな活動が得られている。しかし、その反面、エネルギー使用によって発生したCO_2により、地球は温暖化へと進んでいる。そのため建築で使用するエネルギー消費量をより少なくする省エネルギー建築が求められている。そこで建築設備計画ではエネルギー消費の少ない設備機器を用いる必要がある。さらに建築用途での主たる空間では、そこでの主たる活動の妨げとならないよう、設備機器は離れた位置や見えない場所に距離をとって設置することで、建築本来の目的を維持できるようにしている。

1.6 設備スペース

　建築設備が必要となることで、設備スペースが生まれる。その設備スペースは機器類を設置した設備室と、その目的を結ぶパイプスペース（PS、EPS）、ダクトスペース（DS）が代表的である。これらは一般に露出した状態では存在せずに活動的な建築空間からは遠ざけられたり、隠蔽されたりすることになる。しかし、建築の用途上の特徴を保ちながらも設備スペースが建築には必要となる。設備スペースは建築の裏側で、建築という表舞台での活動を支える重要な部分であり、これを建築の「断面」によって表

裏の関係にあることを示すことが本書の目的である。

2 建築設備とエネルギー

建築設備は建築使用者のために必要性が生まれ、設置されている。しかし、これら設備機器類によってエネルギーが使用され、環境にはエントロピーが排出されて、地球環境を汚染しているのも事実である。そして、建築で使用されるエネルギーが現代ほど注目をされたことはない。そのエネルギーは建築設備で使用されるため、設備機器の省エネルギー性向上から建築の省エネルギー性、そして使用者の環境行動までもが求められている。

2.1 さまざまなエネルギー

建築にかかわるエネルギーの種類を**図1**に表す。

[1] 化石エネルギー

化石燃料を燃焼させることで熱を取り出す。この熱を暖房、給湯、冷房の熱源として建築設備のエネルギー源としている。化石燃料としては石油製品（主に灯油や重油）や、ガス、石炭が建築設備では用いられ、燃焼には酸素が使用され、燃焼によって二酸化炭素（以下CO_2）が発生する。このCO_2が地球温暖化物質となることで地球が温暖化することが問題となり、化石燃料の使用が抑制されることとなっている。

[2] 電気エネルギー

建築設備機器の稼働にはほぼ電気が用いられる。身近なところでは照明やコンセントでの電気エネルギーの使用となる。この電気エネルギーは電力として供給されたものを用いるため、電力を使用する末端ではもっとも安全でクリーンとされている。しかし、電力の多くは原子力発電所、火力発電所でつくられ、特に原子力発電では使用済み燃料の扱いに疑義が残されている。また火力発電所では化石燃料を用いることから先に記述したことが問題となっている。さらに電気エネルギーは1次エネルギー換算をしたとき大きなエネルギー消費によって支えられていることを忘れてはならない。電力の1次エネルギー消費は2次エネルギーの3倍にも達している。クリーン電力として水力発電、風力発電、太陽光発電などもある。

[3] 再生可能エネルギー

地球温暖化物質の大半はCO_2とされている。このためCO_2の発生がないエネルギーとして再生可能エネルギーが注目されている。建築設備でもCO_2の排出を少なくすることを目的として、CO_2の排出がないエネルギーへのシフトが行われている。

建築設備で用いられる再生可能エネルギーには、自然エネルギーの代表として、太陽エネルギーの光利用としての太陽光発電、熱利用としての太陽熱利用がある。太陽光発電は屋根などに太陽光発電パネルを設置し、その発電電力を建物で直接利用することができる。太陽熱利用は太陽集熱パネルで太陽熱を集熱し、媒体として水や空気を加熱することで、暖房や給湯の熱源としている。

バイオマスエネルギーも再生可能エネルギーで、燃料としてチップやペレットを用いている[**図2**]。チップやペレットは木材を原料としていて、木材が生育中にCO_2を固定化したものである

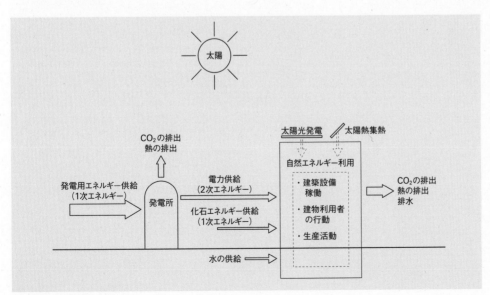

チップ

ペレット

図1｜建築にかかわるエネルギー

図2｜チップとペレット

ため、燃焼時発生するCO_2はカーボンニュートラルとして考えられている。あわせて木材を用いることは森林の育成とも連動するため、好ましい循環が形成されることで持続可能性があるといわれている。木材の需給バランスを保ちながらの木材利用は地方都市でのエコシステムづくりには有効と考えられている。

2.2 エネルギー利用の考え方

建物で用いられるエネルギーは主に熱や光、動力として用いられることが多い。エネルギーはその形を変えながら何らかの役目を達しているが、限りがあるエネルギーを上手に使うことが建築では求められ、ZEH（ゼッチ）、ZEB（ゼブ）が目標にもなっている[図3]。

[1] 省エネルギー

省エネルギーは多くの建物で行われている。建築物の省エネルギー消費性能の向上に関する法律（建築物省エネ法）は、適用範囲がさらに拡大され、延べ面積300 m²以上での法適合義務化が決定している。省エネルギーのためには、建築で使用するエネルギー消費量を基準値以下にしなくてはならない。その最大の手法は建築の断熱性向上であり、屋根、壁、床への断熱材の挿入ばかりでなく、開口部の断熱性確保のため複層ガラス以上の性能確保が重要となった。さらに電気エネルギーをジュール熱として用いることは省エネルギー上もっとも好ましくなく、電気で熱

をつくるときはヒートポンプでの利用が必須となる。あわせて建築設備機器は高効率な機器使用で省エネルギーを行うこととなる。また、生活者や利用者が積極的に参加してエネルギー使用を削減する環境行動も求められている。

[2] 蓄エネルギー

預貯金は生活を安定させるため必要となる。蓄エネルギーはエネルギーの使用を安定化させるときに重要で、エネルギー使用や創エネルギー時余剰が発生したときに蓄エネルギーを行い、不足が起こるときにそのエネルギーを使用することになる。蓄エネルギーの方法としては蓄熱槽に熱として溜める方法や、蓄電池に電気エネルギーとして溜める方法が一般的である。熱として蓄えたものは熱として用いるため、冷暖房や給湯等に使用する。蓄電池は太陽光発電の電力を溜めたり、放出したりして電力の需給バランスをとっている。

[3] 創エネルギー

建物でつくるエネルギーとしては、電気エネルギーと熱エネルギーがあり、図1で示した太陽エネルギーが一般的である。特に太陽光発電は発電してインバーターで交流に変換し、直接電気エネルギーとして使用できるため利便性は大きい。一方、太陽熱利用は熱エネルギーとしての変換は電気エネルギーの4倍以上あり、これを上手に使うことが推奨される。太陽熱で発電したり、冷房したりすることが可能であるが、熱効果からは直接利用とする

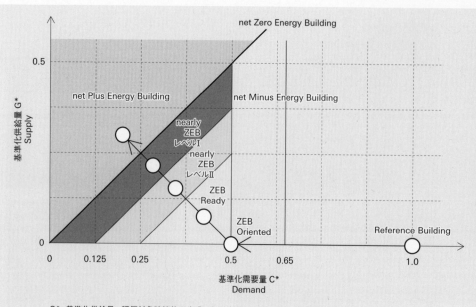

ZEB（net Zero Energy Building）は図の様に区分されており、ZEB Readyとnearly ZEB、さらにnet ZEBを超えることでnet Plus Energy Buildingとなる3区分である。この区分内に建物のエネルギー性能が入っていればよいことになる。
横軸の基準化需要量とは「エネルギーを消費する割合」を示しており、縦軸の基準化供給量は「自然エネルギー利用によるエネルギー生成量」を示している。
そして、図中の「Reference Building」とは、基準となる建物のエネルギー消費量を示すが、ZEBにするためにはこの値を0.5以下、つまりReference Buildingのエネルギー消費量の半分以下にする必要がある。
以上のことから、計画建物としてZEBを段階的に評価することができる図となっている。

G*：基準化供給量＝評価対象建築物の生成エネルギー／レファレンスビルの消費エネルギー
C*：基準化需要量＝評価対象建築物の消費エネルギー／レファレンスビルの消費エネルギー

図3 | ZEB（ネット・ゼロ・エネルギービル）の段階的評価

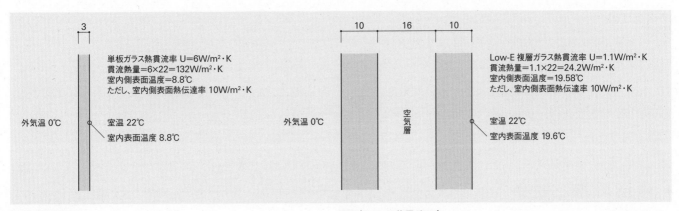

図4 | 単板ガラス

図5 | Low-E 複層ガラス

ことが創エネルギーとして適当である。

2.3 建築の省エネルギーは建築の基本性能を上げる

　建築の省エネルギーを進めるとき、建築設備での省エネルギー性能向上を要求する傾向にあるが、実は建築本体外皮での省エネルギー性能が重要となる。これが整った後に建築設備の省エネルギー性能を求めるべきで、さらには利用者による省エネルギーへの理解と取組みが重要となる。

[1] 断熱性能確保

　建築の省エネルギー性能向上には断熱がもっとも有効で、効果的でもある。そのため建築計画中に断熱仕様を決定する必要があり、省エネルギー上は断熱、開口部仕様で冷暖房負荷を軽減することと同時に、使用する空調機容量の削減と運転エネルギー消費量削減が可能となる。また、開口部の断熱性能向上は一番重要なため、2重ガラスの使用、Low-Eガラスの採用、さらには3重ガラスのLow-E仕様などで断熱性能を確保することで建築の基本性能を高める必要がある。このときサッシの断熱気密性能も合わせて追求する必要がある。そのため、鉄とガラスのみの建築やコンクリートとガラスのみの建築はもはや考えられない様式となってきている。

[2] 断熱性の確保による快適性

　断熱性能が悪いことで冷暖房負荷が大きくなっても、大きな空調機を設置して稼働させれば室内温度は一般的に快適とされる夏期26℃、冬期22℃にすることができる。しかし、断熱が不十分な室内ではこの快適とされる温度が維持されていても、在室者は不満を言うことになる。それは、室内側表面温度が夏は高く、冬は低くなり、ここからの放射熱による不快感が主因となる。たとえば、窓ガラスが単板3mmとLow-E複層ガラス10

×2A16（10mmガラスの空気層16mm）では熱貫流率が前者は6.0W/m²・K、後者は1.1W/m²・Kとなり、各々の冬期室内側表面温度は前者が8.8℃、後者が19.6℃となり、表面温度からの放射による影響で、前者への不満が発生することになる。この結果、室内温度設定が22℃でも前者は不満となり、設定温度を24℃とか25℃に上げることとなる。この不満によって、室内機の稼働時間や運転容量が大きくなるため、省エネルギーにならなくなる。つまり、断熱を行うことで快適性が確保され、さらなる省エネルギーが可能となる[**図4、5**]。

[3] 環境行動を促す

　省エネルギーを建築で行うとき、建築意匠や建築設備ばかりでなく、建物利用者に省エネルギー行動に参加してもらう方法がある。ときにこの手法が大きな結果を導くこともわかっている。このとき利用者が行う省エネルギー行動を環境行動という。建築が引き渡されたとき、建物利用者に建物の特徴や省エネルギー上の注意点とともに、長く利用するために環境行動の大切さを伝える必要がある。さらに年を重ねるにしたがって、その結果を共有しながら、環境行動が継続される仕組みづくりが大切となる。そのためにはエネルギー使用実態を建物利用者、建物管理者、建物の設計者と共有する関係構築が望まれる。

3　環境配慮と建築設備

　住宅・建築は今、環境配慮の考え方から、**表1**に示すさまざまな提案がされている。これらの環境建築を実現するうえでは設備が占める役割が大きい。また、その性能を示すことで目標値の実現に向けた取組みが求められている。これらに共通することはエネルギー消費を削減しながら、自然エネルギーを用いて創エ

ネルギーを行い、エネルギーの収支をゼロ（または±側も含む）にしようとする考え方である。その手法により、表に示すような特徴があげられる。これらの実現では、設備技術者の関与が必要であり、そのための建築設備はますます必要性が高まっている。この環境配慮に必要な建築設備上のグレートリセット（Great Reset）が必須ともいえる。

4 建築構造と設備

　一般的な建築構造は木造、鉄骨造（S造）、鉄筋コンクリート造（RC造）に分類される。これらの構造と建築設備のかかわりにおいて、建築設備は構造躯体にダメージを与えるとされている。一方で建築設備は近代になってから求められたためか、建築意匠（設計）や建築構造側から設備的配慮が示されない傾向にまだある。そのため建築設備側から建築意匠や構造に注文をつける必要がある。その注文の多くは建築設備用所要スペース確保と主に梁貫通になる。

　建築設備用所要スペースとしては、設備機器類の置場（主に機械室、電気室）や機器類をつなぐためのパイプスペース（PS、EPS）、ダクトスペース（DS）となる。スペースが十分に確保されていれば建築設備用所要スペースについて問題視されることもない。しかし、最初から適性なスペースが確保されることはまずない。ある程度計画が進んでくることで、設備的与件も整理され、置場やス

ペースやルートが徐々に見えてくる。建築計画の当初からこれらスペースが、建築家の考えや理解によって生まれることは稀である。その理由が、建築家は建築構造や設備を知らないからか、理解しようとしないからか、はたまたそれを知ることよりも意匠性追求が先となるからなのかはわからない。しかし、一方で意匠性を求めることで、一般に良い建築が生まれているともいえる。そのため建築家は構造家、設備家、インテリアデザイナー、照明デザイナー、造園家等と上手にコラボレートすることが求められる。

4.1 梁貫通

　鉄筋コンクリート造と設備の関係でしばしば耳にするのは設備配管をコンクリートに埋設すれば良しとの意見である。給排水管をコンクリート中に埋設することは、仮に埋設可能であるとしても電線管28mmまでである。それ以外は決して埋設はない。鉄骨造や木造を想定すれば、不可能であることは容易にわかる。

　梁下と天井との間が十分に空いていることはなく、梁底を天井に露出させないところで天井が張られている。天井裏のスペースには電気幹線ケーブル、空調配管、換気・空調ダクト、給排水管があり、梁を越える必要から梁貫通が必要となる。梁貫通のためにスリーブを確保することになるが、そのときの方法として多くの構造家は**図6**の基準で、スリーブの位置と大きさを決めていることが多いので、これらを基準にルートの設定を考えるとよい。ただし、梁と柱の結合部についてはこの考え方が適用されないことが多いの

表1｜環境建築の特徴

名称	特徴	備考
環境共生住宅	地球環境を保全するという観点から、エネルギー資源、廃棄物等の面で十分な配慮がなされ、また周辺の自然環境と親密に美しく調和し、住み手が主体的にかかわりながら、健康で快適に生活できるよう工夫された住宅。およびその地域環境。	1998年から認定開始
自立循環住宅	生活時のエネルギー消費量を2000年頃の標準的住宅と比較して50%削減する。	
LCCM住宅	住宅建設、運用、解体廃棄までのライフサイクルを通して、CO_2排出の収支を運用時の創エネルギーにより余剰エネルギーを創出することで差引きマイナスとなるようにする。	2011年12月より認定開始 LCCM（Life Cycle Carbon Minus）
パッシブ建築	土地固有の特性を重視した省エネルギー手法を用いた住宅で、ソーラーハウスやPLEAハウスなどがこれに当たる。	PLEA（Passive and Low Energy Architecture）
省エネハウス	エネルギー使用を抑制し、快適な環境を実現しようとするもので、快適な環境とは、夏涼しく、冬暖かい住まいを指す。	次世代省エネルギー基準
ゼロエネルギーハウス（ZEH）ビル（ZEB）	太陽光発電システムの活用等によって建築、住宅で使用する段階でのエネルギー消費量（1次エネルギー分）をゼロにする建築・住宅。	ZEH（net Zero Energy House） ZEB（net Zero Energy Building）
スマートハウス	IT技術を使って、住宅内のエネルギー消費を快適に抑制し、エネルギーの需要と供給を最適化する運用。生活者のニーズに応じたさまざまなサービスを提供する住宅。	

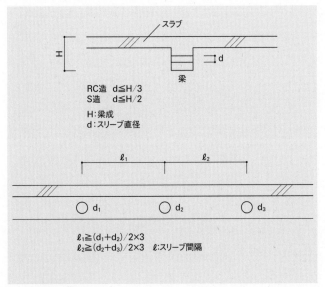

図6｜梁貫通スリーブ

で注意する必要がある。同様なこととして木造の場合、木造設計に精通している構造家が少ないためか、なかなか一般値が示されない。そのため梁の貫通は考えない方がよい。

4.2 壁貫通

壁は空間を仕切ることで生まれる。そのときこの壁に何らかの役目を付置させることで区画壁となる。建築設備ではこの壁を、電気ケーブル、配管、ダクトが貫通することになる。単なる間仕切り用の壁は構造上雑壁とも呼ばれるが、それ以外の壁は耐力壁としての役目を負っていることが多い。または防火壁として、防火区画を形成するために用いられている壁がある。

耐力壁の貫通は構造上の制約が起こり、貫通開口の大き

さは構造家の指示を受けて決定される。そして、防火区画や排煙区画を形成した壁の貫通は区画貫通部の処理が必要となる。特にダクトではダンパーの設置[**図7**]、配管サイズによっては鉄管(1.5mm以上の厚さ)での貫通となる。ダクトを伝わって火煙が区画を越えないようにダンパー(防火ダンパー、防煙ダンパー)を設けて防いでいる。木造での大規模施設への適用時には区画壁の基準が多くあり、一概には示すことはできないので関係資料を精査願いたい。そのため区画貫通をしないような設備システムの構築も考える必要がある。

4.3 床貫通

床の貫通は区画壁の貫通よりは多く発生する。その多くはPS、DS、EPSの設置に由来する。

PS、DSやEPSを設ける場合の考え方としては、梁、壁、柱などから離れた位置に設け、かつ点検用に人の出入りが確保される必要がある[**図8**]。望ましいのはPS、DS、EPSに更新工事時のための予備スペースが確保されることが必要となる。これらの考え方をもとに**図9**のような計画が必要となる。さらに配管については**表2**のような間隔が施工上必要となる。ダクトについてはダクトサイズを概ね想定し、点検スペースを設ける必要がある。そのときDSでの点検上、人の出入りを考える。特にダクトが上下階を貫通する部分に防火ダンパー(FD)が設置されることになり、ダンパー点検用としても日常的に必要性が発生する。

EPSはPS内に設けたり、DS内に設けたりするほか、EPS専用として設けることになる。EPS内ではスラブ貫通処理がほか

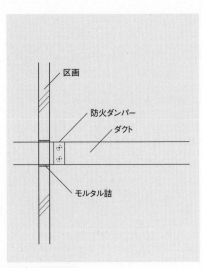

図7｜区間壁貫通

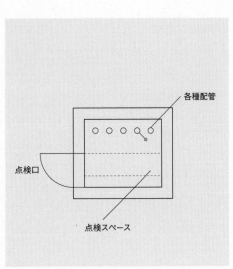

図8｜パイプスペース内

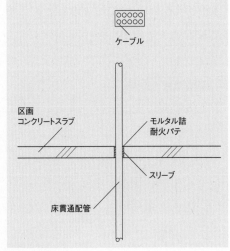

図9｜床貫通スリーブ

表2 | 配管の間隔

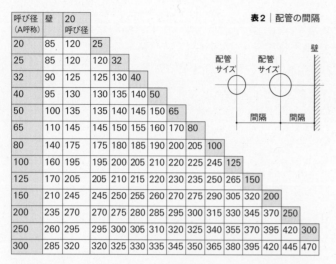

呼び径(A呼称)	壁	20	25	32	40	50	65	80	100	125	150	200	250	300
20	85	120	25											
25	85	120	120	32										
32	90	125	125	130	40									
40	95	130	130	135	140	50								
50	100	135	135	140	145	150	65							
65	110	145	145	150	155	160	170	80						
80	140	175	175	180	185	190	200	205	100					
100	160	195	195	200	205	210	220	225	245	125				
125	170	205	205	210	215	220	230	235	250	265	150			
150	210	245	245	250	255	260	270	275	290	305	320	200		
200	235	270	270	275	280	285	295	300	315	330	345	370	250	
250	260	295	295	300	305	310	320	325	340	355	370	395	420	300
300	285	320	320	325	330	335	345	350	365	380	395	420	445	470

配管の保温厚は、20−80Aは20mm、100−300Aは25mmとして算出している。

と異なり、ケーブルや配管をまとめ、貫通部の処理をする。耐火パテを用いて**図9**のように隙間を埋め戻す。この方法はスラブばかりでなく区画壁(防火区画)にも用いる。

5 リノベーションと建築設備

既存建築をより長期にわたって使用可能にすることは、環境配慮からは重要視される。構造耐力が確保されるならば、修理、修復することで使い続けることが可能となる。そのため、リフォームよりは大規模な改修工事を行うことをリノベーションと呼ぶ。リノベーションでは建築設備はほとんど更新したり、新規計画に合わせて新たに設計したりする必要がある。リノベーションによって用途や機能を向上させ、建物の価値を上げることが求められる。また、建築設備以外として建築の外皮性能を上げることで、断熱性能を確保することも重要となる。特にリノベーションでは確認申請が伴う場合には建築物省エネ法を意識した計画が必要となる。

5.1 建築改修と設備

建築の建設時には多くの人や資材や資金が投入され、最短の時間で竣工させられる。そして建物は使用価値が認められなくなると取り壊される。わが国では、1960年代から80年代はスクラップアンドビルドの連続であった。住宅の平均寿命が26年といわれたこともあり、その値は先進国中最短であった。

建築で使用されるエネルギーの大半は建設工事中のエネルギーであり、これをCO_2で考えれば、建設時に大半のCO_2が発生しているといえる。建物の運用時CO_2の排出量を省エネルギーで抑制することは可能であったとしても、建設時排出CO_2の比ではない。つまり、建築の寿命を長くすれば、CO_2の排出量は抑えることができる。そのため既存建築の再利用として、リニューアル、リノベーション、コンバージョン[**表3**]といわれる再利用形態が提案されている。

そのとき、既存建築が未使用状態で半ば放置状態であれば既存ストックと考えることができる。これらストック資源の利・活用として、既存建築の再利用では主要構造を残し、耐震補強することで、大幅なCO_2削減が可能となる。ただし、既存ストックの優劣について十分に評価する必要がある。特に長期間放置状態の木造建築は注意が必要である。建築改修の目的とその後の想定使用期間によって、建築設備の計画が左右される。リニューアルは建築意匠の改修が多く、建築設備の改修が少ない。その多くは照明器具、空調・換気用吹出口、吸込口の位置を変更する程度だ。リノベーションやコンバージョンでは、建物内の設備を全面的に更新し、目的の計画に合わせる場合が多い。このとき、インフラとの関係まで更新する必要がある。特に改修前の使用期間が20年以上あり、改修後の使用も10年以上と考える場合、給排水・ガス管の接続や電力引込みは変更も考慮する。その理由としては、これまでの使用による劣化と今後への対応、改修による使用量の増減に合わせた適正容量の確保がある。そのため改修目的によっては、給水量の把握と方式、電力使用量や電力負荷の想定が異なり、設備スペースが大きく変わることになる。特にChapter3に紹介した小学校は、既存躯体の一部を残して増築と考えたため、新設校とまったく同じように建築設備設計をしている。

表3 | 改修工事のいろいろ

名称	意味
リフォーム	老朽化したり、古くなった建物や内装に手を加えて、補強したりして、元の機能や状態にすること。
リニューアル	更新すること。建築では主に内装が古くなったり、目的に合わなくなった場合、これを更新することをいう。
リノベーション	老朽化したり、意匠的に古くなった建物や内装を新たな様式や意匠として、性能を向上させて価値を高めること。
コンバージョン	多々建物の用途を変更して、再利用すること。再利用するために建築の躯体のみ残して、内装、間仕切を新規用途に合わせて設計、施工を行う。建物を長期に亘り利用する考え方のひとつの手法で、エコロジーでもある。

Chapter 2

建築設備の
断面ダイアグラム

建築設備のシステムは、一般には図面のルールに従って表記する系統図で説明される。

　Chapter3では建築の断面図と系統図、または設備の姿図を用いて設備と建築の関わりを解説している。しかし、機器や配管、配線、ダクトの線が重なると、その一部分を省略する等、全体システムの説明がわかりにくくなることがある。そこで本章では、まず各設備システムを、簡易なダイアグラムとして表しながら概説する。

　なお、Chapter3にはここに紹介する各設備システムと実例との関係を表として示した。

1 自然エネルギー利用設備

自然エネルギーの代表格は太陽エネルギーで、光エネルギーと熱エネルギーに分けて利用することができる。光エネルギーは電力に変換し、熱エネルギーは水や空気を加熱することに利用できる。しかし、太陽エネルギーは天候に左右されるエネルギーでもある。一方安定した自然エネルギーとして地中熱もある。

1.1 太陽エネルギー利用パネル角度

太陽エネルギー利用では集光、集熱用のパネルやコレクターの角度が建築との取合いで問題視される。集光、集熱効率を追求すると、パネルやコレクターの角度は太陽に直角が良いとされる。しかし、利用目的、風水雪対策上から角度を決めてもよい。

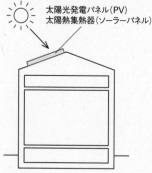

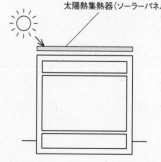

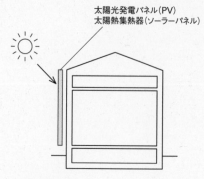

① 勾配設置
太陽エネルギーを利用するときは、屋根の勾配に合わせてパネルやコレクターの角度を決めることが自然で、もっとも無理がないといえる。

② 水平設置
陸屋根に水平に設置することが構造負荷的に良いといえるが、熱利用よりは光利用の方が効率が落ちない。また、パネルやコレクターの架台のことを考えると水平に設置した方が合理的と考えられる。陸屋根に勾配をつけて設置するのであれば、利用目的に合わせた勾配で設置するのがよい。

③ 垂直設置
わが国で垂直にパネルやコレクターを設置するのは太陽光発電ぐらいで、熱利用では不向きといえる。高層ビルの大きな垂直面を利用してパネルを設置して発電に利用することはその面積活用上から考えられる。

1.2 太陽光発電

太陽光エネルギーを太陽電池を用いて電力に変換する発電方式で、太陽光発電(photovoltaics)略してPVという。電気エネルギーへ変換できるのは良くても20%程度である。目安として$10m^2$のパネル面積で1kWの最大発電となり、年間で1000kWhの発電量となる。

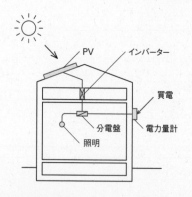

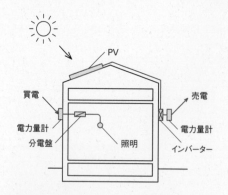

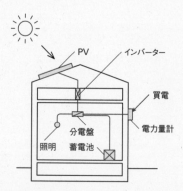

① 系統連系方式
建築の屋上、屋根に太陽光発電パネルを設置して、建物内の電力使用と合わせて利用する。余剰電力が生まれたときは電力会社に売電もする。この場合の電気料金は等価格で取引されている。

② 売電専用方式
主に最大出力10kW以上の太陽光パネルを設置し、電力会社に売電することのみを目的とした太陽光発電利用形式である。最近は売電価格が安いことで不人気となっている。

③ 蓄電併用方式
太陽光発電で系統連系時、蓄電池への充電を行うことで、万が一のとき蓄電容量をフルに活用できるようにする。または電力ピーク(デマンド)が発生しそうなとき、蓄電池を活用しピークカットに利用することで契約電力を抑えることができ注目を集めている。

1.3 太陽熱利用

太陽熱集熱器で、太陽熱エネルギーを集熱し、給湯や暖房に用いることができる。集熱媒体としては水と空気が一般的で、年間集熱量として1m²当たり概ね350kWhとなり、太陽光発電より高効率となる。

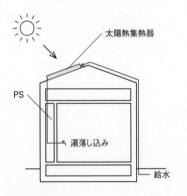

① 汲置方式

太陽熱集熱器を屋根に設置したもっとも原始的な太陽熱利用方式である。夕方になって集熱器内の湯を浴槽に落として利用する。最近はこの使用は少ないが、太陽熱利用の基本的考え方としては好ましい。

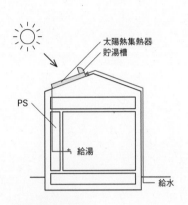

② 自然循環方式

太陽熱集熱器と貯湯タンクを分離した形で屋根に設置し、貯湯槽の湯を給湯に利用する。①よりは高温部から採湯が可能となるため、湯の使用用途が広がる。

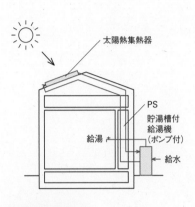

③ 強制循環方式

太陽熱集熱器を屋上、屋根に設置し、貯湯槽との間を配管で結びポンプで集熱運転ができるため、貯湯槽内の湯の使用が給湯暖房用にも利用できる。このとき補助熱源機と組み合わせることで、天候に左右されず給湯・暖房が可能となる。

1.4 地中熱利用

地盤面下の地中温度は安定していて、一般に7m以下は年間を通し一定と言われている。地中熱利用はこの安定した温度を建築設備として利用する。地中熱利用には直接利用と熱交換による間接利用熱源としての利用方法がある。

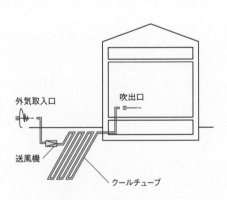

① クールチューブ方式

地盤面下60cm−1mくらいの深さに熱交換部としてのチューブを水平に埋設して外気を取り入れるシステムで、クール・ヒートチューブ方式またはアースチューブ方式とも呼ばれている。地中熱の安定した温度を利用して、夏の外気を冷却し室内に吹き出す一方、冬の外気を地中熱で加熱して室内に吹き出すことで外気負荷の軽減に利用する。一般に4−5degの温度差が得られるような装置を設けるとよい。

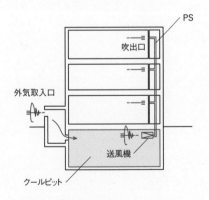

② クールピット方式

建築構造上ピットがある建築で、ピット部の安定した温度を利用し、屋外空気の予冷、予熱に用いることで外気負荷の軽減に利用する。クールピットとしての経路を明確にし、ほかの空気と混じり合わないように衛生管理を行う必要がある。

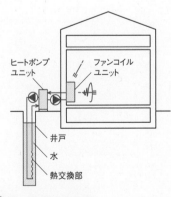

③ ヒートポンプ方式

空冷式ヒートポンプエアコンは屋外空気の温度により運転効率が左右される。水冷式ヒートポンプに地中熱の安定した温度を活用することで、高効率な運転ができる。一般には10−50mの井戸を掘り、熱交換しながら地中熱利用を行うためイニシャルコストが上昇し、温暖地より寒冷地向きのヒートポンプ熱源と考えるべきである。

2 空調設備

空調設備を設けることで、室内の温湿度、気流を整え、塵埃除去を行い換気をすることで、室内環境を整える。この設備は熱源機器と空調機、これを結ぶ配管等から成り立っているが熱源機器と一体になった空調機、つまりパッケージエアコンが広く用いられている。これら機器類の設置は建築計画と大きなかかわりがある。

2.1 熱源方式

空調に用いる温熱源としてボイラー、ヒートポンプがあり、冷熱源として冷凍機、チラー、吸収式がある。ここでつくられた冷水、温水、蒸気を用いて冷暖房用熱媒としている。

① 温熱源

[ボイラー]
ボイラーに代表される温熱源はガス、灯油(重油を含む)を燃料として、温水や蒸気をつくる。この燃料に木質バイオマス燃料として、チップやペレットが用いられることで、カーボンニュートラルの一翼を担うことができる。

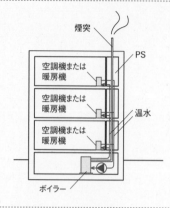

[ヒートポンプ]
ヒートポンプの効率は向上を続けている。その効率はCOPで示され、5.0以上の機器も多くなっている。ヒートポンプの動力源は電気のため1次エネルギー換算でAPF3.0以上であれば化石燃料を用いるよりは有利である。

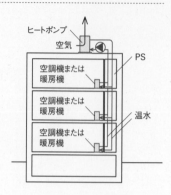

② 冷熱源

[水冷式]
冷凍機内の凝縮器を冷却するために、熱媒として水を循環させ冷却塔で放熱を行うことを水冷式という。冷凍機は圧縮式と吸収式があり、圧縮式は冷媒(フロン等)を圧縮し、冷凍サイクルを作用させるが、吸収式は吸収剤と冷媒(水)による冷凍サイクルとなる。圧縮式は電力を用いて圧縮機を駆動させることになるが、吸収式は吸収剤と水を再生させるために、蒸気や温水が用いられる。

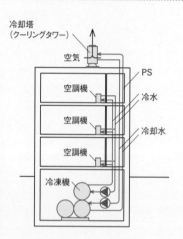

[空冷式]
水冷式は冷凍機のコンデンサーで冷媒を冷却するときに冷却水を用いていた。しかし、冷媒を直接空気で冷却することができるようにしたのが空冷式で、水冷式よりメンテナンスが容易となり、広く用いられている。外気温度が高くなると冷却能力が落ちて出力が下がる。

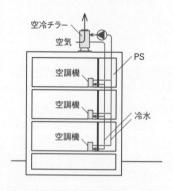

③ 冷温熱源

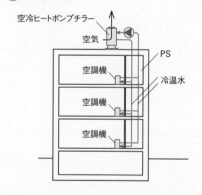

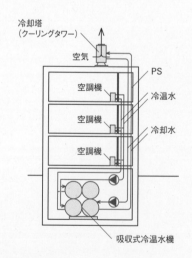

[空気熱源方式]
ヒートポンプチラーは冷温熱源機器の代表格で、1台の機器で、冷熱源、温熱源機器に切り替えて用いることができる。熱源として空気を用いる空気熱源方式を一般に空冷ヒートポンプチラーと呼んでいる。

[水熱源方式]
ヒートポンプチラーには空気熱源方式より高効率とされる水熱源方式がある。冷却塔を使わずに井水の直接利用や冷却水を地中熱で冷却して用いるため安定した熱源として注目されているが、井戸の工費が高く好ましくない。

[吸収式冷温水機]
吸収冷凍機の再生器は加熱することで、吸収剤を再生することができる。この加熱源(蒸気や直火)を温熱源としても用いられるように一体にした機器を吸収式冷温水機と呼んでいる。吸収式冷温水機はヒートポンプチラーの性能向上により、出番も限られつつある。

2.2　配管方式

冷温水配管は空調機への往(送)管と復(返)管の設置方法で呼称が変わる。一般には冷水、温水の切替えによる2管式であるが、冷水、温水専用往管と兼用復管の3管式、復管も冷水、温水専用の4管式が稀に求められる。

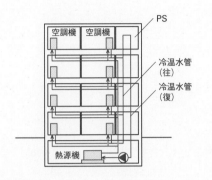

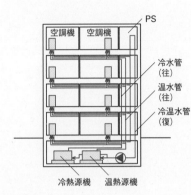

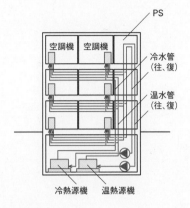

①2管式

熱源機と空調機間を往管と復管で結び、冷温水を供給するシステム。配管方法として直接リターン方式とリバースリターン方式があり、往管復管での2管式のため、冷水、温水は冷房時、暖房時で切り替えて運転する。中規模以上は配管内圧力を均一にするためリバースリターン方式とすべきである。

②3管式

常に冷水往管と温水往管に冷温水を別々に送り、室内の負荷条件に合わせて冷温水を選択し、空調する部屋の冷暖房が自由にできるようにする。復管は1本のためほかの部屋からの冷温水復管と混合し、熱的にミキシングロスが発生している。

③4管式

常に冷水往管、温水往管、冷水復管、温水復管の4管式となっていて、室内温度条件によって冷水、温水を選択することで、室内条件に合わせ冷暖房ができる。冷水、温水を専用配管とすることで、ミキシングロスがない。大規模建築や室温コントロールの重要な部屋で用いられる方式。

2.3　ダクト方式

主に冷温水方式によって供給された熱媒を空調機内にある熱交換器で温風、冷風として室内へ吹き出すために、空調機から被空調室までをダクトで連絡して、部屋の冷暖房をする方式。

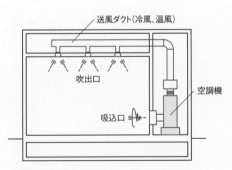

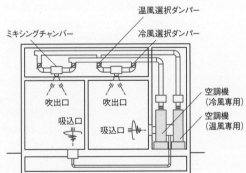

①単一ダクト方式

空調機から送風ダクトにより、冷房時は冷風、暖房時に温風を各室へ送風することで冷暖房を行う。室内の負荷変動には送風量を可変コントロールする変風量(VAV)方式として、一定送風温度で対応したり、送風量を定風量(CAV)方式として吹出し温度を変化させたりして対応している。

②二重ダクト方式

常に冷風専用ダクトと温風専用ダクトで冷風、温風を送風し、室内温度センサーにより指示室温に合わせて冷風、温風を選択したり、冷風、温風の混合割合をダンパーで自動的に調整したりすることで各室の負荷変動に対応することができる。室温コントロールを重視する部屋で採用する。

2.4　冷温水方式

中規模以上の建築や精度の高い室内温湿度が求められる建築で採用されている。熱源機と空調機を配管で結び、冷房時は冷水、暖房時は温水を熱媒として空調機に供給することで、冷暖房ができるようにした方式。

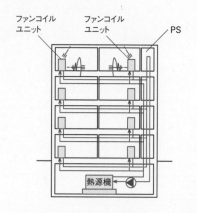

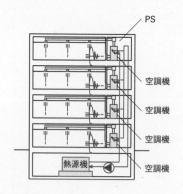

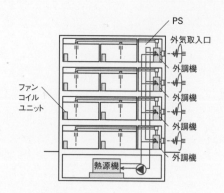

① ファンコイルユニット方式

室内にファンコイルユニットを分散設置し、機器設置室ごとに冷暖房運転が行える。このためホテル客室や病院の病室ではよく用いられる方式となっている。ファンコイルユニットはさまざまな設置型式があり意匠的にも対応が可能となっている。

② 空調機方式

分類からするとファンコイルユニットも空調機であるが、一般のファンコイルユニットより大きな空調機は、エアハンドリングユニット（略してエアハン）とも呼ばれている。主に空調機にダクトを接続して、大きな空間をまとめて空調することができる。

③ 外調機方式

外気を冷暖房時の室温にして送風することで部屋の換気を行うことができる。このため室内熱負荷処理用としてのファンコイルユニットと外気負荷処理用としての外調機を組み合わせて用いることが多い。

2.5　パッケージエアコン方式（室内機）

空調機に熱源機をあわせもった方式で、広く採用されている。室内機は空調機の役割をし、屋外機は熱源機となっている。運転制御とあわせて用いられ、システムがパッケージされることでパッケージエアコン方式といわれているが、わが国ではパッケージエアコンを業務用として呼称し、家庭用をエアコンと呼んでいる。

① 壁付設置

住宅などのエアコン設置でもっとも簡単な設置方法で多くの事例がある。機能的にはこれで十分でもあるが、建築意匠的には異論も多い。特に屋外に面していない部屋の場合、ドレン管の処理に苦慮することになる。

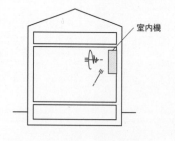

② 床置設置

冷暖房方式の機器設置としては機能的な設置方法である。狭い室内での設置は日本では好まれていないが、コールドドラフト防止として窓下に設置する構図は美しいとも思う。

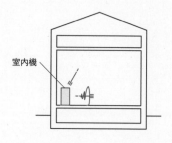

③ 天井内設置（天井カセット型）

業務用としてもっとも普及している型式で室内機本体を天井内に設置、天井面に吹出口、吸込口が一体となったパネルが現れる。天井で温風、冷風が吹き出されるため、冷暖房時足元が冷える可能性や気流が不快とされることがある。

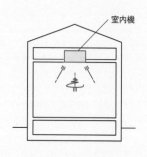

④ 家具・壁内設置

壁掛型の空調室内機は、建築空間からは好ましくない設置といえる。そのため空調室内機を家具等に収納することで、隠蔽し、建築空間に現れないようにしている。室内の意匠を合わせることができる一方、隠蔽で吹出気流が阻害されることもある。

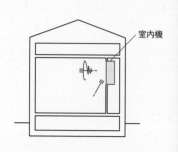

2.6 屋外機の設置

パッケージエアコンの屋外機＊（室外機ともいう）は屋外に設けるが、規模や地域、建築構造により設置位置が変わる。さまざまな条件での屋外機設置について、その可能性を示す。

＊——屋外機（室外機）の呼称｜空調条件として室内外を区別するため、また内外を明確にするために、本書では屋外機と称する。

① 地上設置

屋外機の振動や荷重対策からはもっとも合理的な設置方法といえるが、敷地に余地が必要となる。また、屋外機からの騒音処理としては十分な隣地との距離が必要となる。

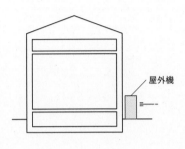

屋外機

② 屋上設置

狭小敷地で地上やベランダに設置できないとき、屋根や屋上に設置する都市型の設置といえる。屋上での防震や耐荷重にも注意する必要があるが、都市部での騒音対策としてはこの方法となる。また室内機と屋外機間に配管スペースが必要となる。

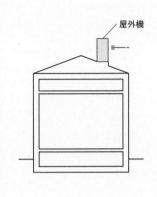

屋外機

③ 壁掛設置

屋外機を軒下でかつ外壁に設けることで、屋外機が雪に埋もれることを防いでいる。雪国向けの屋外機設置といえるが、積雪のないときの見た目は良くない。

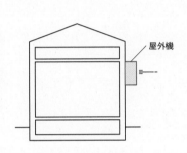

屋外機

④ ベランダ設置

集合住宅向けの屋外機設置は、区分された所有範囲に設けている。このことで、冷媒配管を短くすることができるが、ベランダに屋外機が林立することになる。こんなときマルチタイプエアコンを採用することで、屋外機の数を1住戸1台にすることも可能となる。

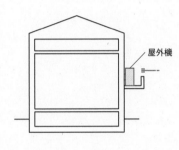

屋外機

⑤ 天井内設置（ダクトタイプ）

室内機を空調を行う部屋の天井内に設置し、天井面には吹出口と吸込口を設置し、室内機と吹出口、吸込口をダクトで接続する。天井カセット型のような見え方がないため、意匠性が良い。一方、室内機の点検時には天井内に入らないと作業ができない欠点はある。吹出口、吸込口を自由に設置できるため空調負荷に合わせた吹出口位置を決めることができ、効果的な空調が可能である。

室内機

⑥ 床下設置

空調を行う部屋の床下に室内機を設置して、床面から冷風、温風を吹き出す空調方式。室内機が床下に設置されているため、吸込口は吹出口とは反対面に設置することで、室内温熱環境を良くすることができる。

室内機

⑦ 天井吊設置

天井から室内機本体を露出して吊り下げ設置するもので、今日ではあまり使用されていないが、唯一厨房用パッケージエアコンは本体をSUS製にすることで、この設置が多く、メンテナンス上は有利となる。このときドレンの処理に苦慮することになる。

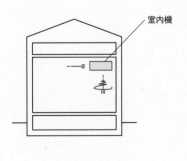

室内機

3　暖房設備

暖房設備は空調設備を設けることで、単独で設置されることは少なくなってきたが、放射暖房はその快適性から人気がある。

3.1　放射暖房方式

暖房をするためにある一定面を加熱することで、放射(赤外線)によって暖かさをつくり出す。空気の温度を上げないため、乾燥がなく快適性が高く、省エネルギーであることから人気がある。

① 床暖房方式

放射暖房のなかでももっとも浸透し、親しまれているのが床暖房で、快適性も高い。床暖房の熱媒としては温水、電気、温風などが用いられる。設置面積が小さいときは電気が良いが、大きな床面の放射暖房では温水や温風を用いることがランニングコストのうえで良い。

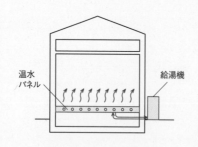

温水パネル　給湯機

② パネル暖房方式

壁面や窓下にパネルを設置し、パネル表面からの放射によって暖房をする。壁面にパネルを設けると物が置けなくなる。窓下のパネルは窓面からのコールドドラフト防止にも効果的である。熱媒としては温水、蒸気や電気が用いられる。

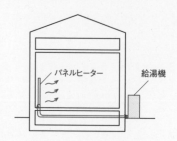

パネルヒーター　給湯機

3.2　温風暖房方式

室内空気を暖房機器に取り込み加熱することで、温風を室内に吹き出し暖かさを形成する。気流があり、室内の乾燥が気になるが、暖房の立上がりは早い。

① FF暖房方式

室内に暖房機を設置し、室内空気を燃焼部で加熱し、温風を室内に吹き出すことで暖房ができる。燃焼に必要な空気を屋外よりファンで取り入れ、燃焼排ガスを強制的に屋外へ排気する。給排気筒が長期使用により破損し、排ガスが室内に漏れた事故があり、使用時には注意が必要となる。

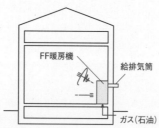

FF暖房機　給排気筒　ガス(石油)

② 床置方式

ファンコンベクター(ファンコイルユニットも可)を室内に設置し、室内空気をファンコンベクターのコイルで熱交換し、温風を吹き出す。コイルへは温水や蒸気を熱媒として供給する。

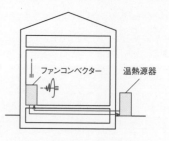

ファンコンベクター　温熱源器

③ 床吹出方式

ファンコンベクター(ファンコイルユニットも可)を床下または床面に設置して、床吹出しをするダクト方式、床置きとして温風を床下に吹き出して、床面の加熱とともにペリメーター部で床吹出しを行うダクトレス方式がある。

［ダクト方式］　　　　　　　［ダクトレス方式］

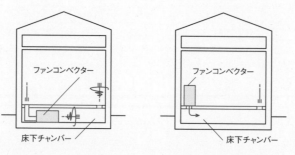

ファンコンベクター　床下チャンバー　　ファンコンベクター　床下チャンバー

4 換気設備

換気とは室内空気が屋外空気と入れ替わることをいい、建物に窓を設け、開閉によって換気を行うことを自然換気と呼ぶ。機械換気に用いる送風機（ファン）の位置によって、第1種、第2種、第3種換気と名づけられている。換気時に給排気を行いながら、熱交換を行うことも省エネルギー上は重要となる。

4.1　自然換気

自然換気の必須要素は開口部があることで、その開閉により通風が行われる。風力換気では風の力で通風量が左右される。また無風でも室内空気の温度差によって通風が発生することで換気を行うことを重力換気という。

① 風力換気

建築物に設けた窓の開閉により、屋外の風を室内に導入して換気を行う。通風量は風上側の窓の開閉で調整すると効果的である。

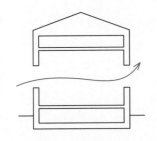

② 重力換気

室内空気の比重差により、換気を行う。空気の比重は温度差により生まれるため、温度差換気ともいう。無風状態では重力換気が効果的といえる。

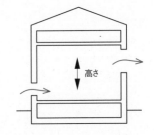

4.2　機械換気

換気扇、つまり機械を用いることで換気量を一定に確保することができるため、安定した換気が可能となる。また、開口部のない部屋での換気は機械換気が必須となる。

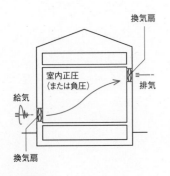

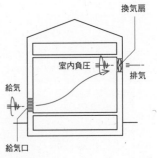

① 第1種換気

室内での排気用と給気用に換気機器（換気扇または送風機）を設けることで、確実な換気を行うことができる。給気用、排気用の機器風量を変えることで、室内を正圧にも負圧にもできる。

② 第2種換気

外気を強制的に取り入れ換気をする。室内は正圧となる特徴があり確実に外気が供給されるため、ボイラー室など火を使用する部屋の換気として用いる。

③ 第3種換気

排気用に機器を設置した換気方式で、室内は負圧となる。室内の空気を強制的に排気することで、室内で汚染された空気が拡散しないようにできる換気といえる。

4.3　全熱交換換気

換気を行うときに給気と排気が必要となる。給気は外気温であるが、多くの室内は冷暖房されていることで、排気は室内温度である。このため排気温度と給気温度を熱交換することで外気負荷を低減させることができる。この熱交換では全熱や顕熱の交換ができる。

① 固定型全熱交換器

時間当たり数百m³から1000m³の風量を処理するときに用いる形式である。給排気ダクトを接続して固定された全熱交換部を用いることが多く、居室の天井内に設置するタイプが主となる。

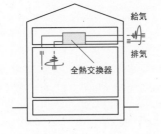

② 回転型全熱交換器

時間当たり数千m³の風量を処理することができる大型の全熱交換器となる。熱交換部は回転式となり、空調機と組み合わせた利用となるため、セントラル空調方式で用いる。

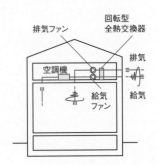

5 衛生設備

生活環境や行動環境を衛生的にするため、建物には給排水、ガス供給が必要になる。そのため給排水設備が接続されることになり、これらを総称して衛生設備という。

5.1 給水方式

給水は直結給水方式が衛生的で省エネルギーでもある。しかし、建物の規模や給水圧力の関係から直結給水方式が不可能となる場合、増圧直結給水方式や受水槽、ポンプを組み合わせての給水システムを構築することになる。

① 直結給水方式

水道本管の圧力で必要階まで直接給水することで、もっとも安全で省エネルギーな給水システムといえる。しかし、給水システムについては水道事業者との打合せが必要となる。

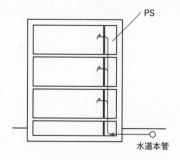

② 増圧直結給水方式

水道本管圧力の不足分を増圧ポンプで加圧し、必要階まで給水することができるシステムで、多くの都市部で採用されるようになってきている。受水槽を設置しないため③、④方式より省スペースとなるが、採用制限があり水道事業者と打合せが必要となる。①より大規模での利用が可能となる。

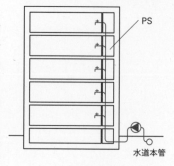

③ 圧力給水方式

水道本管の水量や圧力が少ないときに受水槽に必要水量（半日分程度）を確保し、給水ポンプで加圧して各所に給水する。④より水槽が1カ所少ないため衛生管理上は良いといえる。

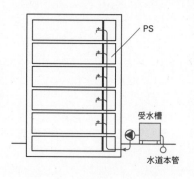

④ 重力給水方式

受水槽の水を高置水槽に揚水し、高置水槽より重力にて給水する方式で、最上階の使用水圧によって高置水槽の高さを決定することに注意する必要がある。学校や映画館、劇場などの給水利用集中型の建物の給水方式に向いている。

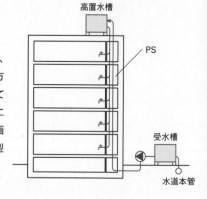

5.2 給湯方式

給湯箇所ごとに熱源機（給湯機、ボイラー）を設置する個別給湯方式や、熱源機を1カ所に集中させて給湯を行う中央給湯方式がある。中央給湯方式のとき給湯管には往管と復管を設け、即出湯できるようにする。

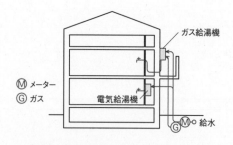

① 個別給湯方式（1管式）

給湯箇所ごとに給湯熱源機（ガス給湯機、電気給湯機）を設け給湯管を1本設けて給湯する。このとき給湯管を短くして使用できるように給湯熱源機を設けるとよく、事務所ビルの洗面給湯等給湯負荷の少ない用途に向いている。

② 中央給湯方式（1管式）

小規模施設で給湯熱源機を設け、1本の給湯管で数ヶ所に給湯する。湯の使用が連続していればよいが、湯使用が途切れると給湯管内の水温が下がり、捨て水が多くなる。厨房、給食室、民宿等の給湯方式として用いることができる。

③ 中央給湯方式（2管式）

給湯往管と復管を設け、ポンプで熱源機と給湯箇所を循環させることで即出湯を可能としている。大規模建物や給湯の快適性を求めるときに用いる。病院、ホテル、温浴施設の給湯方式に用いられる。

5.3 排水方式

建物からの排水は下水道が完備していればそのまま接続排水することができる。このとき雨水排水は合流式下水道の場合は生活排水とともに放流できるが、分流式下水道では雨水の処理について調査する必要がある。下水道がなければ浄化槽を設置して、汚水を処理してから公共用水域に放流することになり、このとき雨水の処理方法は調査が必要となる。

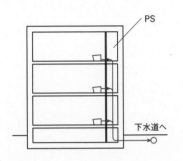

① 重力排水（下水道）方式

重力を利用して自然勾配で排水する方式で、下水道へ放流できる。特に地上階での排水はこの方式で行うことが合理的といえる。しかし、排水位置と下水道埋設深さによっては勾配（一般に1/100−1/50）が確保できないこともあり注意されたい。

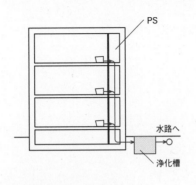

② 重力排水（浄化槽）方式

下水道が整備されていないところでは、生活排水は浄化槽に導き処理してから公共用水域に放流する。公共用水域に放流できない場合では敷地内で浸透処理をする必要がある。浸透方法については自治体などと打合せによる。

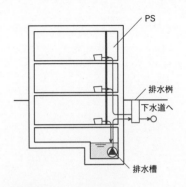

③ 機械排水（下水道）方式

一般に地下階での排水を排出するためにポンプを用いる方式で、地上部の排水桝に接続し、以降重力で排水する。ポンプは排水槽内に設置し、排水槽内汚水を10分から20分で排水するが排水槽を過大にしないことが防臭上から求められる。

5.4 ガス方式

都市ガスがあればこれを引き込み、ガス使用箇所へ供給できる。都市ガスがないところではLPガスを使用することになる。LPガスはボンベ（50kgなど）を必要本数設置したり、バルク槽を地上または地下に設置したりして利用することになる。

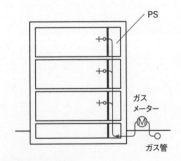

① 都市ガス方式

都市ガスを引き込んでガス使用箇所へ供給する。都市ガスはガス会社によりガス種が異なるため、ガス種の確認が必要となる。

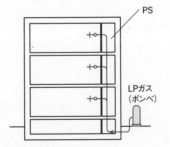

② LPガス集合方式

LPガスボンベを複数本設置し、ガスを供給する。一般にLPガスは自動切換弁にて、左右のボンベを切り換えて使っている。LPガスボンベの設置数はLPガス同時使用量を満足する本数が片側設置数となる。

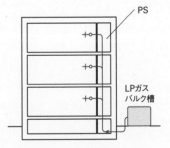

③ LPガスバルク方式

LPガスをバルク槽から各所へ供給する。バルク槽は200kg以上の大きさがあり、使用目的により容量を求めるが、LPガス集合方式と異なり、バルク槽へガスローリー車からガスを供給する。

6 防災設備

建築規模や用途により、安全性を確保するために防災設備の設置が要求される。その主要な設備を紹介する。これらの要求基準は建築基準法や消防法にて決められている。

6.1 屋内消火栓

消火設備としてもっとも基本的なものが屋内消火栓設備で、消火用水源とポンプ、配管、消火栓箱から構成される。その水源とポンプの設置位置についてのバリエーションは多い。パッケージ型と呼ばれている屋内消火栓は水源、ポンプ、配管を持たない簡便な屋内消火栓設備となる。

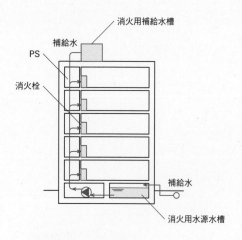

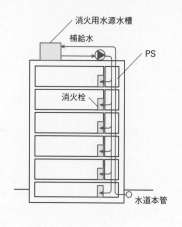

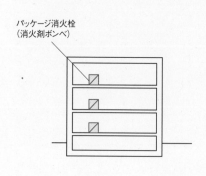

① 地下水槽＋地下ポンプ

最下階の消火用水源水槽と消火ポンプを同一階に設置した方式は消火ポンプに呼水槽の設置が無用となる。ペンシルビルの消火方式として構造上からも水槽により低重心となるため、しばしば採用される。

② 屋上水槽＋屋上ポンプ

屋上階に消火用水源水槽と消火ポンプを設置する。消火用補給水槽や呼水槽を省略することができる。さらに消火ポンプの軸動力を抑えることができる。ペンシルビル以外で採用される可能性がある。

③ パッケージ消火栓

消火用水源水槽やポンプ、配管無用で、消火栓箱内の消火剤で消火が可能となる。しかし、設置用途、規模の制限がある。必ずしも屋内消火栓設備すべてにとって代わることはできない。

6.2 スプリンクラー消火設備

スプリンクラー消火設備は、もっとも信頼できる設備とされている。一般的なシステムとしては水源、ポンプ、配管、スプリンクラーヘッドで構成される。小規模施設はスプリンクラー消火設備として限定的利用ではあるが水道直結型が採用できる。いずれもスプリンクラーヘッドが火災を感知して、放水するため、自動消火ができる。

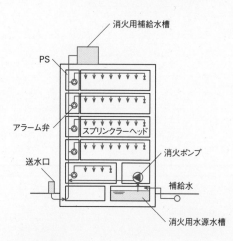

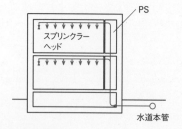

① 一般型

スプリンクラー用水源水槽、消火ポンプ、配管、アラーム弁、ヘッド、送水口が必要である。一般型の変形として、水源水槽やポンプの水量の少ない集合住宅専用や小区画ヘッド用スプリンクラー消火設備などがある。送水口は消火ポンプから送ることができ、消火を継続することができる。

② 水道直結型

水道本管の圧力を利用したスプリンクラー消火設備で小規模施設向けとして採用されている。水道直結型以外として水道本管の水圧が低い場合、水槽、ポンプが要求されることもある。

6.3 連結送水管

建築の階数が7階以上となれば必須な設備で、この設備は消防隊員が専用に使用するため送水口と放水口を結ぶ配管で構成される。しかし11階以上では放水口にホースノズルを併設する。共通しているのは送水口が前面道路側に設置されることである。

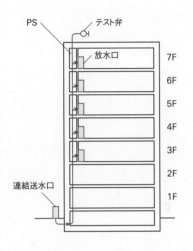

① 乾式

配管内に水が入っていない状態で、消火活動時に消防ポンプ車より水が送られ消防隊員が専用に用いる。乾式の場合、消火用補給水槽を設けなくてよいことになるが、寒冷地での方式といえる。

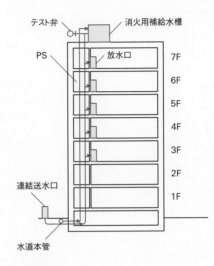

② 湿式

最上部の消火用補給水槽で消火管内は充水されているため、消防ポンプ車からの送水ですぐに放水ができる。

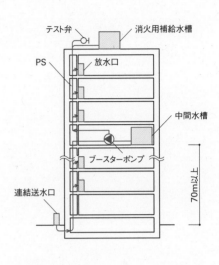

③ ブースター式

放水口は11階以上はホースノズルを格納する必要がある。さらに高さ70m以上の階ではブースターポンプが必要となる。主に超高層建築で採用される。またシステム上は湿式となる。

6.4 火災警報・報知設備

火災の発生を知らせることを目的としたもので、住宅規模の火災警報器から大規模施設で用いられる自動火災報知設備まである。ここで用いられる警報とは火災の発生を知らせて避難を促すことで、報知とは火災の発生を知らしめるため警報以上の方式にて避難を促進させることである。

① 住宅用火災警報器

住宅の居室、階段上部に設置し、火災警報を発報する。この警報器で火災を感知することで警報音を発したり、他警報器と連動して発報したりする装置で、既存住宅でも設置が義務づけられている。

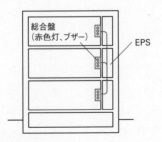

② 非常警報設備

小規模施設での非常警報設備として設けられ、火災を発見時に警報を発報する。この設備は火災発見者が非常ベルまたはサイレンで知らせる。

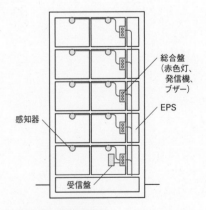

③ 自動火災報知設備

小規模以上の建物で、区画ごとの火災を感知器で自動的にキャッチし、または発信機により中央に報知することができる。中央の受信盤には火災箇所を示すとともに、音声で火災発生を報知することもできる。

7 電気設備

建物で使用される電気用途はますます増加している。電気設備の主要なもので、建築計画とかかわりの多いものを紹介する。

7.1 受変電設備

電力の引込み方法として、架空や地中引込みがある。さらに電力の契約容量によって低圧または高圧引込みとなる。これらの基本的分類を示す。この受電方法は電力会社が自由化されたとはいえ、旧電力会社の範囲ではその名残があり、関係者との打合せが必要である。

① 低圧架空引込み
（建物直引込み）

低圧で電灯や動力を建物の外壁面から引き込む方法で、住宅や小規模建築で用いられる。受け口となる外壁面に電力ケーブルが露出し、納まりが悪い。

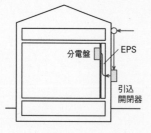

② 低圧架空引込み（引込柱）

低圧で電力を引き込むとき、引込柱を敷地内に設置し、引込柱以降は地中埋設で、引込開閉器から各分電盤へと配線する。建物近くに電力ケーブルが露出しないので見栄えが良い。

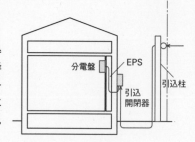

③ 高圧架空引込（引込柱）

高圧を引込柱で受け、地中にて受変電設備（キュービクル）まで配管配線する。引込柱には気中負荷開閉器（PAS）を設置する。引込柱から壁面へ渡ることも可能であるが、安全面から地中にする方がよい。

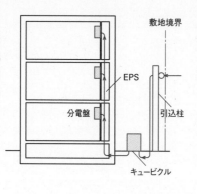

④ 高圧地中引込

電線地中化地域で高圧を引き込むときは、高圧キャビネットを敷地内に設置してから受変電設備（キュービクル）まで配線する。このため敷地内では高圧キャビネットのみが地上にあるが、配管配線は地中となる。

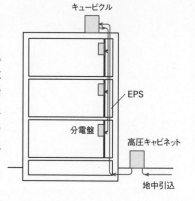

7.2 幹線設備

受変電後の電気ルートは建物の規模による差異があり、分電盤までの基本ルートを示す。その基本として幹線系統をうまく分けることで分電盤以降の回路数や回路長さを整理することが可能である。

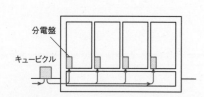

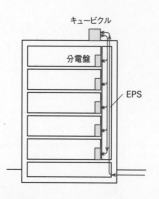

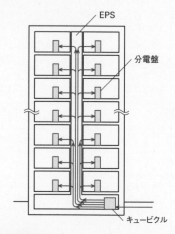

① 低層ビル

引込開閉器盤や、受変電設備（キュービクル）より各分電盤までのルートで電気を送る。幹線サイズや幹線系統も少なく、電気設備計画・設計が容易である。

② 中層ビル

受変電設備（キュービクル）より分電盤までの主要電気配線系統を幹線とし、電気を送る。このとき幹線サイズを150sq（スクエア）を上限として分電盤を設けると施工性が良い。

③ 高層ビル

受変電設備（キュービクル）より配電盤を経由して各分電盤までの主要ルートを複数の幹線で形成し、電気を送る。大規模（超）高層ビルの場合は変電室を各階に設置することで、幹線サイズを抑制することも多い。

7.3 照明設備

室内の人工照明のあり方を分類した。目的によって照明器具の配置や取付け方、器具そのものの形状を選択する。LEDを光源とすることが基本であるが、照明器具の選択は照度ばかりでなく光源のあり方、色温度まで検討が求められる。

① 天井全般照明

天井に面状、線状に照明器具を配置することで、床面や机上面を均一に照らすことができる。均一化を最大の目的とすることで、作業性を高める。作業面の明るさは照度（lx）で示され、部屋の用途によりJISで示されている。

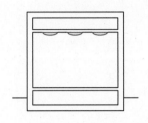

② ブラケット照明

壁面に照明器具を配置することで、天井面、壁面や床面の一部を照らす。器具によっては光源を見えなくすることができるため、目にやさしく、空間の陰影を表すことができる。このとき光源の色温度（K）は3000K以下ぐらいがよい。

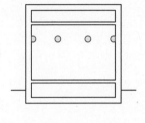

③ スポット照明

器具からの光を所定の場所に集中させることで、照射面を照らす目的で用いる。ほかの照明方式と併用することも多い。特に美術館では演色性を高めることで、自然光に近い色が求められる。一般に平均演色評価数（Ra）が作業ごとに規定されている。

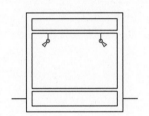

④ ペンダント照明

光源を空間に浮かせ光を拡散させたり、集光させたり、光源の高さを変化させることで明かりを調整したりすることができる。わが国では地震対策からペンダントの長さに注意が求められることも多い。

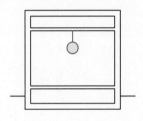

⑤ 間接照明

光源を見えなくして光のみを浮かび上がらせる。一般にベースライトとして用いる。このために光源を小さくライン状にして、天井面、足元など自由に設置が可能となる。

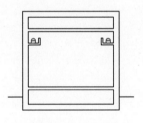

⑥ ダウンライト照明

天井面に点状に照明器具を設置し、床面や壁面を照らす方法で、補助的な照明としても使われる。器具は筒状の形状で天井内部に埋め込まれ、下面の形状は角型や丸型がある。器具の配光によって床面や壁面の表情を変えることもできる。

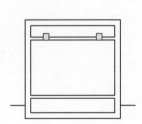

⑦ 床埋込照明

光源を床面に設置し、動線を示すことに用いる場合がある。そのため室内よりは屋外で利用されることが多い。床面よりの光が目に入るためグレア（まぶしさ）の少ない器具を用いることが必要となる。

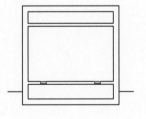

7.4 TV共聴視設備

TVの受信方法と分配による分類を示す。アンテナ以外の受信として、CATVや光ケーブルによる受信がある。そろそろアンテナ一辺倒の考え方を変える時期でもある。

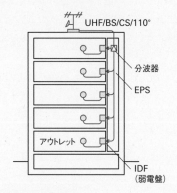

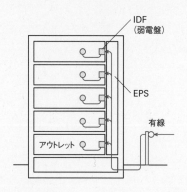

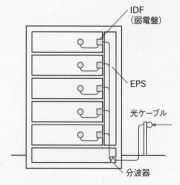

① アンテナ方式

地上デジタル、衛星放送をアンテナにて受信し、増幅分波してTVアウトレットまで送信する。維持費がもっとも安い方式であるが、建物によってはアンテナが立てられないため他方式となる。

② CATV方式

地域のCATV会社よりの配信を建物内に引き込み、増幅、分波して視聴する。ただし、受信可能番組はCATV会社による。

③ 光ケーブル方式

光ファイバーケーブル会社が配信する映像配信を電話、インターネットとともに高品質で利用することができる。ランニングコストがもっとも高いので、TV共聴視だけの利用は不利となり、インターネットとの併用受信や電力契約をも考慮するとよい。

Chapter 3

断面図でわかる
建築設備の事例

本章では用途や構造の異なる17の建物を選び、断面図とともに設備計画の特徴を紹介している。実際の建築の図面の中に設備を落とし込んでみることで、設備のための空間の位置、ボリュームや、空気・水・熱の流れなどが確認できる。

　また、どのような建築計画なのか、新築か改修か、使用人数、家族構成、また利用者の年齢や使い方、オーナーの考え方によって、空間は変化し、また設備もそれに合わせ計画が変わる。建築と設備が相互に空間の質を高めるために設計されていることを読み取ってほしい。

　なお、これらの事例は、用途により大きく6つに分類している。用途ごとの設備計画の考え方や注意したい事項を章のはじめにまとめるので、それらを理解したうえで、各事例の解読をしてほしい。　　　　　　　　　　　［事例の掲載情報は竣工当時のものである］

1 住宅の設備

住宅の設備は、もっとも身近な建築設備としてあげられる。住宅設備は人々の生活に直結し、快適で安全な生活をサポートしている。また、住宅は、住まい手の個性を大きく反映する建物であるゆえに設備において求められる種類、範囲、性能は多様である。ここでは、生活様式および時代が住宅設備に及ぼす影響をあげておきたい。

[1] 生活様式が住宅設備に与える影響

施主の生活様式を考えるにあたって、ひとつの目安として、住宅の規模がある。多くの住宅は95m²前後であるが、60m²に満たない戸建住宅もあったり、稀ではあるが1000m²や2000m²を超える住宅もある。一般的な戸建住宅と、大規模な戸建住宅では施主の生活様式や生活スタイルも変わってくるため、その違いを考えた住宅設備の提案が必要となる。規模の違いによる住宅設備の一般的な差異を**表1**に示す。

また、施主の住宅へのこだわりを知ることでも、計画が変わる。特に、過去にどのような住宅に住んでいたかを知る必要がある。幼少期から、育った家が俗に言う豪邸であった場合は、給湯方式や給湯圧力に注意する必要がある。また欧米での生活を経験している場合は、空調システムについて、その使用方法を確認する。欧米と日本では、特に空調発停と設定温度の使い方に大差がある。日本では、在室時のみ空調運転する使い方が主であるが、欧米ではON、OFF運転はほとんどせず、在室時と不在時では設定温度の変更を行うという考え方が多い。さらに部屋ごとの空調でなく全館を対象とし、温度的ムラのない空調を望

まれることも多い。こうした影響が、機器能力にも及ぶことになる。

[2] 時代の変化が住宅設備に与える影響

住宅建築はその時代の生活スタイルを表現し、建築設備にも、その時代を反映する機器や器具が用いられている。たとえば照明器具の光源は、これまでに白熱灯、蛍光灯、LEDの3種が登場している。また、照明方法も時代によって移り変わる。

日本の住宅では全般に明るさを求める傾向にあり、住宅とオフィスビルでは明るさに差がない。しかし、かつて日本には、谷崎潤一郎の『陰翳礼讃』にあるように、住宅内での明るさに明暗をつけ、光と影を演出する照明の考え方があった。

蛍光灯が1960年頃から明るさを謳い文句に住宅に用いられるようになり、直管蛍光灯がサークル状になり、電球型蛍光灯へと変化した。蛍光灯の出現で均一な明るさを手に入れてからは、住宅でも明るさが何より重視されるようになったといえる。さらに、LED電球が2007年頃から採用されるようになり、2012年頃からは当たり前に用いられるようになっている。

ところで、LED照明の方法として、多灯分散方式が提案されるようになり、いま影のない均一な明るさから、明暗のある明かりの方法、さらには陰影を求めた照明計画が考えられ、再び受け入れられるようになりつつある。時代とともに設備に求められる性能が変遷する例として興味深い。

本書では住宅の事例として3例、郊外の住宅地に建てられた若夫婦のための木造住宅と、都心に計画された二世帯RC造住宅、および、「自然エネルギーを利用した建築の設備」（後述）にも分類しているが、都心の狭小地に計画された塔状住宅を紹介する。

表1｜住宅設備の規模による差異

	一般的住宅	大規模住宅	備考
受電設備	低圧受電 小中規模は電灯引込みであるが、 多少規模が大きくなると動力の引込みもある。	高圧受電 受変電設備としてキュービクルが必要となる。	変電盤、コンデンサー盤、トランスを一体に収納してキュービクルと称している。
給水設備	直結給水方式	直結給水方式 増圧直結給水方式 圧力給水方式（受水槽付き）	
給湯設備	局所給湯方式（1管式住戸セントラル）	中央式給湯方式（2管式住戸セントラル）	熱源はガス、ヒートポンプ等
換気設備	局所換気方式	中央式換気方式（全熱交換換気）	
空調設備	局所空調（ヒートポンプエアコン）	中央式空調（空気対空気 水対空気）	

表2 | 集合住宅の設備計画値

			集合住宅	オフィス（参考）	備考
電気設備	電灯		4 kVA／戸−6 kVA／戸	1φ　75 VA/m²−100 VA/m²	
	動力		エレベーター、ポンプの容量 共用部の空調	3φ　30 VA/m²−50 VA/m²	冷暖房に電気を用いないときは 25−40 VA/m²を左値より差し引く
	弱電 （TEL、TV、CATV、光）		・TV視聴方法 　（アンテナ、光、CATV） ・LAN方式（有線、無線）	・電話回線数 ・LANの使用範囲 　（サーバー室の位置）	
給水設備	給水設備	日使用水量	150ℓ／日・人−200ℓ／日・人 住戸内人数は全戸数に対し 3人／戸を上限と考えてもよい	60ℓ／日・人−100ℓ／日・人 事務所内人員は0.15−0.2人／m²とし、 事務所規模が大きいと人員は少なくなる。 テナントとして事務所以外が入るときは 別途加算する	
		同時使用流量	P≦30人　Q=26×P⁰·³⁶ P>31人　Q=15.2×P⁰·⁵¹ Q=ℓ／分　P=人員	・衛生器具数より同時使用流量を算出	
ガス設備	同時使用流量		ガス使用量として 3 m³／戸−5 m³／戸を用い、 これに同時使用率を掛ける	・ガス使用用途による	都市ガスの場合、ガス種を確認する
雨水流出抑制	有	敷地面積・建築面積	関係役所にて調査のこと	関係役所にて調査のこと	
	無		敷地内処理・側溝等に放流・下水道放流		
下水道	有	合流式	公設桝・接続桝新設・既存利用も計画	同左	・合流か分流かを明確にする ・下水道無のときは浄化槽設置
		分流式	雨水の放流先を確認 雨水の処理を決める	同左	
	無		浄化槽	同左	

（給水設備の式）
$$P \leqq 30人\ \ Q=26 \times P^{0.36}$$
$$P > 31人\ \ Q=15.2 \times P^{0.51}$$

2　集合住宅の設備

　集合住宅は住宅が複数戸集まり、共用部と専有部を設けて、同一敷地内に計画される建物である。一般に集合住宅の意匠設計者は、人と人とのつながりのために、いろいろな仕掛けを用意して、集まって住む良さを計画に取り入れようとしている。設備においては、ここでは、敷地のインフラと設備の関係、分譲か賃貸か、また共用部の考え方について簡単に述べる。

[1] 集合住宅のインフラ調査

　集合住宅の建築設備計画は、ある一定規模では建設予定地のインフラ調査が重要となる。計画地の電力の供給能力、上水道本管サイズや、給水方式、下水道の有無、都市ガスの有無が建物の設備計画に大きく影響するからである。

　調査を行う前に、電気設備では、計画建物の受電設備流量を算出して、高圧受電か低圧受電となるかを想定する必要がある。給排水設備も同様で、日使用給水量、同時使用流量

は把握しておく必要がある。また、排水では敷地面積によって雨水流出抑制の有無を確認することも求められる。これらは、現調（現地調査）に行く前に準備をしておく。集合住宅の計画値として、**表2**に示す値を元に、事前に数値を算出することで、概要をとらえることが設備設計者に求められる。

[2] 分譲か賃貸か

　集合住宅の建設、販売の方法から、分譲、賃貸と分けたり、建築主が個人オーナーだったり、集合住宅の計画・販売を目的としたデベロッパーとなっている場合もある。そして、入居者が組合をつくり施主となって集合住宅をつくるコーポラティブハウスもある。集合住宅の設備計画では分譲となることで区分所有が明確になる設計を心がけることが、もっとも重要である。何しろ建築設備は連続している方式であるため、明確な区分が難しい。集合住宅の設備の区分方法を**表3**に示す。

　ランニングコストが発生する建築設備では分譲でも賃貸でも共用部での光熱水費は共益費で充当される場合が多い。し

表3 建築設備の管理区分

設備	管理区分
給水管	量水器より各水使用箇所まで
給湯管	住戸セントラル時：給湯機から各湯使用箇所まで
	住棟セントラル：住戸用量水器やカロリーメーターから各湯使用箇所まで
排水管 通気管	住戸内衛生具から排水立て管接続までの横枝管、 排水横枝管から通気立て管接続まで
ガス管	ガスメーターより各ガス使用箇所まで
電気	積算電力計より、各電灯、コンセントまでの配管・配線
TEL	住戸内端子盤よりTEL受口まで
TV	住戸内メディアポートよりTV受口まで

かし、専有部の光熱水費が明確に計量できるよう、電力計、ガスメーター、量水器が設けられることは当然となっている。このため集合住宅でのセントラル冷暖房や給湯は日本では採用されなくなった。

　なお、集合住宅のように複数の住戸が集まった建物ではあるが、共用部を設けないことで、直接各住戸に出入りできる方式を長屋と呼ぶ。長屋でも建築設備的には共用部分がインフラとの接続部分で発生するため、建築設備は戸建住宅以上の規模になり、集合住宅と同じように設備計画が必要となる。その共用部的機能から長屋としてはせいぜい20−30戸ぐらいの規模が限度である。

　本書では集合住宅の設備計画事例として、中規模の集合住宅と、長屋として設計されたコーポラティブハウスを紹介する。

3　クリニックの設備

　医療機関は診療所と病院に分けられる。一般に町中で見受けるクリニックや医院は入院施設のない医療機関で、診療所の通称といえ、9床以下の入院が可能、または入院施設のない医療機関とされている（本書では一般的な通称であるクリニックを以下用いる）。病院は20床以上の入院施設を有する医療機関である。

　診察科目は開設者が決めることができる。総合病院は、診療科目が複数あり、医療現場では、医師と看護と管理の各立場について専門性が確立されてきており、診療行為後の薬の処方や療養中の看護のあり方が変わりつつある。これらの変化が建築計画にもあらわれ、設計時に各部門の責任者、事務長や

看護師長、医局長、また各医療技術者とも十分な打合せをすることが重要である。クリニックでは主体は医師であり、医師の考え方で建築計画が成り立つ傾向にある。特に診療科目が単科である場合、その傾向は顕著である。本書では事例として、歯科と眼科のクリニックについてまとめる。

［1］歯科クリニックの設備

　歯科はクリニックの中では医療用の器具、機器を多く用いるため、これらの使用目的や用途、そして建築的所要スペースの確保も必要となる。歯科ではエアー（圧縮空気）を送るためのコンプレッサー設置場所とその配管、口腔内バキューム（吸引）は必須であるが、クリーンな診療室を目的とする口腔外バキューム（フリーアーム）は、採用割合が増加傾向にある。これらは診査台（ユニット）に配管を接続することで、利用が可能となる。そのほかに電気、給排水が接続されることになる。

［2］眼科クリニックの設備

　眼科で用いられる医療用器具・機器は意外と小さなものが多いのが特徴である[**表4**]。多くは卓上型で、大きくても机ぐらいの大きさとなる。たとえば、眼底カメラ、視野計、眼圧計、屈

表4 眼科用医療機器

機器名称	目的
スリットランプ	眼底観察
眼底カメラ	眼底の写真撮影
暗室検査室用レーザー	組織切断
視覚誘発反応測定装置	視覚誘発反応を測定する。
OCT optical coherence tomography	光を照射して得られたエコー情報を再構成して 断層像を表示する。
画像ファイリングシステム	画像診断機器のデータ取込み。
視野計	視野を計測する計器。 視野欠損などの視野の異常を検査する。
眼圧計	眼球内圧（眼圧）を測定する。
レフケラ （オートレフケラトメーター）	近視・遠視・乱視など、屈折異常の検査で、 屈折の度合いや角膜のカーブ（曲率半径）を測定する。
手術用顕微鏡と 手術用ヘッド	白内障手術などで、細かな作業や処理を 行う時に使用する精密顕微鏡。
ノンコンタクトノメーター （ノンコン、非接触型眼圧計）	角膜に空気を瞬間的に噴射し、 目の硬さを調べる装置。緑内障検査に使用する。
高圧滅菌器（オートクレーブ）	高温高圧の水蒸気で加熱し、手術用具を滅菌する。

表5｜空気清浄度

クラス	個数
100	100個以下
1000	1000個以下
10000	10000個以下
100000	100000個以下

折の度合いや角膜の曲率半径を測定するレフケラ、緑内障検査で目の硬さを調べるノンコン等で、電源の供給のみで使用できる。そのため建築計画に影響するものとしては、手術室ぐらいといえる。手術では白内障手術など細かな作業や処理を行うときに、精密顕微鏡等を用いることになり、手術室の空気清浄度（クリーン度）も求められるときがある。手術室で求められるクリーン度は一般に米国連邦規格で1立方フィートの空気中に0.5μm以上の微粒子が何個あるかで示し、その度合いをクラスとして表現している[**表5**]。

この空気質を確保するために手術室内は密閉され、隅角をつけないようにして、清掃のしやすい、ホコリ溜まりのない構造とする。また空調換気によって清浄度を保つため、処理風量（空調による循環風量）を多くして、高性能フィルター（HEPA以上）を用い、空気のろ過による清浄度を確保することが必要となる。

4　乳幼児施設と小学校の設備

子どもは生育時期による身体、心の生育、脳の発達によって乳児、幼児、少年などと呼称されている。そして、これらの時期の生育や教育にかかわる建築的用途が保育所、幼稚園、小学校である。

本書では、木造の小規模な保育所、寒冷地の地方における比較的大規模な幼稚園、またリノベーションした市街地の公立小学校、自然エネルギーを利用した木造の小学校の事例を紹介する。

[1]乳幼児教育施設

乳幼児期の教育施設は、体の発育に応じて、受け入れる施設が異なる。児童福祉法では、満1歳未満を乳児、満1歳から小学校就学までが幼児とされており、厚生労働省の管轄のもと保育所は0歳から子どもを預かるところとして運営を行っている。3歳以上からは、幼児教育を行う場としての幼稚園への通

園も可能となる。保育所と幼稚園の建築計画上での違いを**表6**にまとめた。

また、保育所と幼稚園を一元化したものが認定こども園であり、2006年より運用がはじまった。小学校就学前の子どもに対する保育および教育ならびに保護者に対する子育て支援の総合的な提供を行う施設となっている。認定こども園には幼保連携型、幼稚園型、保育所型、地方裁量型の4つのタイプが認められており、その概要を**表7**に示す。

設備計画においては園の方針が明確に示されて、子どもたちは大事に扱われたり、強く丈夫に、たくましく育まれたりしている。園の設備は、それらの方針に合わせて計画される場合がある。たとえば自然とかかわりながら、たくましく子どもたちを育てる園は、園庭で木登りができたり、泥んこ遊びができる。そのため園庭と保育室の間に水飲み場や、足洗い・手洗いのできる流しが設けられている。また、保育室に床暖房設備を設けない傾向にある。一方、園庭は水溜まりや段差もなく舗装され、転ばないようにしてある園もある。そのような園は、保育室内は十分な照明や空調が設けられ、床暖房、セキュリティーも必須となる傾向にある。

[2]乳幼児への配慮

乳幼児に対する配慮は、建築設備上からもサポートすることになる。たとえば、乳児と幼児の体型が明らかに違うため衛生器具の大きさが異なる。0歳、1歳、2歳児では、乳児用器具3、4、5歳児では幼児用器具を用いる。そして多くは乳児や幼児の行為を見守ることができる平面計画や器具配置、間仕切りが考えられている。

表6｜保育園、幼稚園施設での建築計画上の差異

項目	保育所	幼稚園	備考
便所	乳児用、幼児用と分ける	幼児用便座	
沐浴	必要	—	給湯が必要
調理室	必要	—	給湯が必要
調乳室	必要	—	給湯が必要
消防通報装置	必要	必要	
遊戯室	必須ではない	必要	
園庭	必須ではない	必要	
認可	児童福祉法	学校教育法	

項目	幼保連携型	幼稚園型	保育所型	地方裁量型
概要	幼稚園および保育所等の施設・設備が一体的に設置・運営	認可された幼稚園が、保育所的な機能を備えた。	認可された保育所が、幼稚園的な機能を備えた。	都道府県の認定基準により認定された。
園舎・保育室等の面積	満3歳以上の園舎面積は幼稚園基準、居室・教室は保育所基準			幼稚園・保育所のいずれの認可もない地域の教育・保育施設が認定こども園として必要な機能を果たすタイプのこども園。
園庭の設置	保育所基準と幼稚園基準の合計			
食事の提供、調理室の設置	自園での調理。3歳以上は外部搬入可	同左	同左	同左
幼稚園・保育所との相違	学校かつ児童福祉施設	学校（幼稚園＋保育所機能）	児童福祉施設（保育所＋幼稚園機能）	幼稚園機能＋保育所機能
認可	改正認定こども園法	学校教育法	児童福祉法	都道府県知事

[3] 小学校

就学が義務づけられているのは小学校からである。児童教育はその成長から、主に1−2年、3−4年、5−6年と3つに分けて考えられている。1−3年、4−6年と2つに分けた考え方もある。それらは教室の配置に大きくかかわり、建築設備的には身体スケールに合わせた衛生器具のサイズや設置高さを設計側で示すが、空調設備や電気設備的には大人と同じような設計でよいことになる。教室に仕切りを設けないモンテッソーリ教育を実践する場合などは、教室の範囲が曖昧なため空調範囲について十分な打合せが必要となる。

5 さまざまなサービスを提供する建築の設備

建築用途を分類するとき、本書では不特定多数の人が限られた時間内で使用する建築を、「さまざまなサービスを提供する建築（以下サービス施設）」としてまとめた。具体例として、飲食を提供する建物のピザレストラン、運動施設であるフィットネスクラブ、遊技場（パチンコ店）、また、公共施設としては能楽堂と美術館を例示することにした。また、オフィス建築も、こうした「サービスを提供する建築」ととらえることもできる（本書では自然エネルギーを利用した建築の項目で紹介している）。また、公共建築・施設はそのすべてが広義的にはサービス施設といえる。

これらさまざまな用途に合わせて、設備計画を進めることになるが、建築設備やその容量を考えるうえでは面積、利用人数や滞在時間の把握、そしてそれに伴う設備的各種負荷ピークの想定が重要となる。

特にここであげたなかでは、パチンコ店や能楽堂などは、客の有無によって室内の冷暖房負荷が大きく左右される。水使用量も能楽堂、フィットネスクラブやピザレストランなどでは客の数に左右される。そのため客数を予想して、その回転数から使用量を求めることになる。これらの関係を表8に示す。

以下、それぞれの施設について基本的な設備計画の考え方を解説する。

[1] 飲食店（レストラン）

飲食店はその規模、立地はさまざまで、国内の至るところにある。郊外型レストランは単体として計画されるが、都市部の多くの飲食店はテナントとして建物の一角を専有する場合が多い。飲食を楽しむための設えとして、インテリアや建築がつくられているが、もっとも重要視されるのは、厨房や客席であろう。特にオーナーシェフの飲食店ではシェフの考え方が厨房にあらわれている。一般に客室面積と厨房面積は6：4の割合が多いとされるが、オーナーシェフの場合は逆転することも多い。厨房設備の考え方は、エネルギー（ガスか電気か）、厨房床がドライかウェットか、また照明器具の色温度にまで至ることもある。一方チェーン店として展開する企業は客への対応としてサービスをどう行うかを主眼にしていることが多く、オーダーシステムや会計システム等に弱電サービスを付加することで省力化に力を注ぐ傾向になっている。

飲食店では店の傾向を理解しながら、設計を合わせる必要がある。建築設備上は厨房排気が大きな設備スペースを占め、天井懐を排気ダクトが占めることになる。また、排気口の位置は音と臭いを考慮する必要があり、設置場所につい

て吟味することが求められる。ここで紹介するレストランはオーナーシェフのイタリア料理店で、ピザ窯を併設した都会の独立店舗となっている。

[2] フィットネスクラブ

フィットネスクラブは独立建物であったり、テナント店舗として入居している場合も考えられるが、設備計画のうえで大きな特徴は、大量に水を使用するところである。そのため、以下フィットネスクラブの温浴施設面に絞って要点を解説する。

温浴施設では、浴槽水質管理が重要で、水温調整と水質管理は自動でろ過を行いながら熱交換器を用いて、温度管理をすることになる。温浴施設での最大注意点はレジオネラ症の予防といえる。レジオネラ菌は浴槽内で繁殖し、エアロゾル化によって人体への感染が起こり肺炎に似た症状を発症する。これを予防するために給湯設備系統での水温を60℃以上として菌を死滅させることと、浴槽の清掃を徹底することで、レジオネラ菌のコロニーを除去する必要がある。一方、節水、節湯も省エネルギー上は必要となるため、吐水口やシャワーでの対策が必要となる。そして、もっとも基本的なことは防水を確実に行うことで、漏水を防ぐ防水層を建築的に具備しなければならない。この防水層を給排水管が貫通することは極力控えなければならない。貫通する場合は防水処理に細心の注意が必要である。ここでは住宅地にある小規模なフィットネスクラブを紹介する。

[3] 遊技場（パチンコ店舗）

パチンコ店舗はこれまで都市部のテナントとして出店していたが、郊外の大型店舗での出店が多くなってきている。そのため大きな駐車場とともに併設される傾向にある。

パチンコ、またゲームセンター、スロットなど個人的嗜好に対応する空間は主に個人または少人数での遊技を対象として利用される。そのため、主たる空間は屋外に開放されることは少なく窓等の必要性がない状況が考えられる。そして、目的の遊技に集中するための光や音が高揚感を高めるために用いられることになり、建築はその場的空間を提供することが目的となる。建築文化的評価がなかなか得られないのは、ここで行われるサービスに建築としての社会性が少ないからなのかもしれない。設備計画上では、個室空間で開口部が少ないことから照明、換気、空調等を個別に設置し、操作できる必要がある。

[4] 能楽堂（劇場等）

遊技場と同様に観劇は内なる行為でもあるが、社会性が認められているためか建築的にもその文化性は高く評価されている。観劇では劇場空間が主体となり一定時間演者と客とが同一空間で時間を共有している。演ずる側と観る側は異なる行為のなかから共に意義を分かち合い、音や光がその空間を満たしながら一体感をつくり出すことになる。建築設備のうえでは、大空間の空調として、気流や騒音防止に留意するとともに、演者の発生音をクリアに客席へ届ける必要がある。

[5] 美術館

美術館は絵画、彫刻、工芸品などの美術作品を中心とした文化遺産を収集、保管、展示する施設で、専門博物館のひとつになる。そのため、収蔵庫で保管し、展示室で展示する。収蔵は収蔵品を長期的にわたり安定した状態で保存するため、庫内温湿度の管理が求められる。また展示室では多くの来客に安心して見学できる動線や明るさの確保が必要になる。特に展示室内では自然光より人工照明による明かりが安定しているうえ、美術作品へのダメージも少ないとされている。

表8｜サービス施設の水使用量算定と電力原単位

		テナントオフィス	ピザレストラン	フィットネスクラブ	パチンコ店	能楽堂	美術館・博物館	備考
水使用（ℓ/回・人）		60–100	30	30 入浴　5 シャワー　170	10–15	30	5–10 （レストラン併設は大き目）	
回転数（回/日）		1	3	3–5	5–7	1	3–5	フィットネスクラブやパチンコ店は休日の負荷が多くなる
電力	電灯（W/m²）	20–40	40–50	40	50–100	30	40	照明はLEDとする
	動力（W/m²）	50–75	40–60	50	100–150	50–75	100	空調を含む

表中の回転数は一般的な値である。たとえばレストランなどで用意した食数により客数を制限する場合もある。このような条件が明らかなときは、その値を用いることができる。

本書では、アートを通じた地域づくりの中核施設として建設された美術館を紹介した。

6 自然エネルギーを利用した建築の設備

人類は産業革命以降、多くの化石燃料を使うことで、二酸化炭素（以下CO_2）を排出し続けてきた。ところがCO_2に代表される地球温暖化物質［**表9**］が大気圏を覆うことで、地球が熱を徐々に蓄えて、温暖化してきている。この温度上昇は地球の歴史的長さからすると異常で、その結果CO_2の排出を抑制することが、グローバルな動きとなった。

この地球環境を守るため、いわゆる環境建築が建築されるようになってきた。環境建築はCO_2の排出を抑制するために十分な断熱をし、冷暖房負荷の軽減をしたり、冷暖房期間を短くしたりすることで、エネルギー使用を削減している。一方では高効率な機器を用いたり、自然エネルギーを用いたりすることで化石燃料や電力のようなハイエネルギー（High Energy）の使用を少なくしている。さらに、エネルギーマネジメント情報を提示するとともに建築利用者が省エネルギー協力として、環境行動を行っている。

季節の良いときは冷暖房の運転を停止し、自然の風や光を利用し、室内でも快適に過ごすことは十分に可能である。そのため地域の特性を考慮した自然のリズムに合わせる環境配慮が必要となり、自然とともに生きる建築計画が出現している。こうし

た建築を総称して、パッシブ建築という。

パッシブ建築は極力設備機器を用いないで、建築的手法を用いて快適な空間を建築的につくり出している。そのため居住者や在室者は、自然の移ろいや急な変化に合わせて行動する必要があり、人に対してアクティブな行動を要求しているともいえる。この考え方は、建築設備に頼る以前は、当然の手法として各地に建てられた地域特有のバナキュラー建築で用いられていたが、建築設備で何かとカバーするようになってからは、忘れられていたかもしれない。20世紀後半に起こったオイルショック（第1次1973年、第2次1979年）、1980−1990年代に観察されるオゾン層の破壊が原因とされる地球温暖化の進行が、自然エネルギー使用とパッシブ建築を見直すきっかけとなった。現在では、パッシブ建築は環境配慮建築の代名詞となったといえる。現在、建築や都市をつくるうえで、環境配慮と持続可能な社会構築は必須となっているといえるだろう。

自然とともに生きる建築は、大都会のど真ん中では決して可能にはならないと思われるかもしれないが、自然エネルギーをうまく利用する仕組みづくりと、エネルギーを消費しない建築のつくり方で可能性は開かれている。そのためには地球環境をグローバルに考えながら、人々がローカルでエコロジーに行動することが肝要となる。その提案内容はさまざまで多岐にわたるが、目標とするところはサーキュラーエコノミーといえる。

本書では、こうした自然エネルギーを利用した建築の事例として、蓄熱水槽の熱を利用した小住宅、地中熱を利用した小学校と研究所の3事例を紹介している。

以上で、本書で紹介する建築のビルタイプの6分類について大まかな設備計画の考え方を示した。44ページ以降に、17の具体的な事例を掲載する。また、42−43ページには、Chapter2で示した設備システムの分類との対応を示した表を掲載している。

事例紹介はその建物における特徴的な部分を主に取り上げているため、すべての設備を解説することはできないが、この表からどのようなタイプの設備によって、どのように空間計画が成り立っているかを読み解き、事例の断面図、解説とともに参照してほしい。

表9｜地球温暖化物質

温室効果ガス	地球温暖化割合	特徴	地球温暖化係数
二酸化炭素 CO_2	73.0%	・化石燃料燃焼の排ガスに含まれる。 ・動物の呼気による排気に含まれる。 ・森林減少、土地利用の変化	1
メタン CH_4	15.8%	・天然ガスの主成分 ・農業酪農で発生	20
フロンHCFC、HFC他	2.0%	・エアコン冷媒洗浄用としてつくられた人工物質。 ・オゾン層破壊物質でもある。	数百から数万
一酸化二窒素 N_2O	6.2%	・石油類の燃焼で排ガスに含まれる。	300

IPCC第5次評価報告書より

事例を見るための設備記号

記号	名称	備考
—— HS ——	温水管(往)	Hot water Supply の略。配管材質を表す。
—— HR ——	温水管(復)	Hot water Return の略。配管材質を表す。
—— CS ——	冷水管(往)	Cold water Supply の略。配管材質を表す。
—— CR ——	冷水管(復)	Cold water Return の略。配管材質を表す。
—— CHS ——	冷温水管(往)	Cold and Hot water Supply の略。配管材質を表す。
—— CHR ——	冷温水管(復)	Cold and Hot water Return の略。配管材質を表す。
—— SS ——	太陽熱管(往)	Solar water Supply の略。配管材質を表す。
—— SR ——	太陽熱管(復)	Solar water Return の略。配管材質を表す。
—— OS ——	オイル管(往)	Oil Supply の略。配管材質を表す。
—— OR ——	オイル管(復)	Oil Return の略。配管材質を表す。
—— R ——	冷媒管	Refrigerator の略。配管材質を表す。RG:ガス RL:液を合わせて示す。
—— D ——	ドレン管	Drain の略。配管材質を表す。
ダクト記号	ダクト	角ダクトサイズは幅×高さで示す。丸ダクトは直径で示す。
ポンプ記号	ポンプ	空調設備、給排水衛生設備とも同じ。
2方弁記号	2方弁	自動制御弁
3方弁記号	3方弁	自動制御弁
ベントキャップ記号	ベントキャップ	
ダクト用換気扇記号	ダクト用換気扇	
壁用換気扇記号	壁用換気扇	
EA	排気ダクト	══ EA ══ —— EA ——
OA	外気ダクト	══ OA ══ —— OA ——
SA	送風ダクト	══ SA ══ —— SA ——
RA	還気ダクト	══ RA ══ —— RA ——

記号	名称	備考
—— – ——	給水管	配管材質を表す。
——	——	給湯管(往)	配管材質を表す。
—— | | ——	給湯管(復)	配管材質を表す。
————	排水管	配管材質を表す。
– – – – – –	通気管	配管材質を表す。
—— G ——	ガス管	Gas pipe の略。配管材質を表す。
—— X ——	消火管	Extinguisher pipe の略。配管材質を表す。
—— PT ——	ペアチューブ	Pair Tube の略。配管材質を表す。
⋈ ⊿	仕切弁、逆止弁	
⋈ガスコック記号	ガスコック	
⊘ ▨	フレキシブル継手	ゴム製、SUS製
⊘	水栓	
⦿	湯栓	
◑	混合栓	

[その他の凡例記号]

吸込み	
吹出し	══ –
空気・水等の流れ (建物内、機器内)	⟶
熱の流れ	⇢
空気の流れ、通風	⇢
冷気、コールドドラフト	⟹
日射	– – – –⟶

建築設備システムと事例の分類

[建築設備システム]		住宅		集合住宅		クリニック		乳幼児施設・小学校		
		01 いばらきの家	**02** 都心に建つ二世帯住宅	**03** 長屋住宅形式のコーポラティブハウス	**04** 上井草の集合住宅 モダ・ビエント 杉並柿の木	**05** ちよだの森歯科クリニック	**06** 野堀眼科クリニック	**07** ピヨピヨ保育園	**08** 飯島幼稚園	**09** 御殿小学校
1 自然エネルギー利用設備	1.1 パネル角度	①	②	–	–	–	–	①	–	
	1.2 太陽光発電	–	①	–	–	–	–	①	–	
	1.3 太陽熱利用	③	–	–	–	–	–	–	–	
	1.4 地中熱利用	–	–	–	–	–	–	–	–	
2 空調設備	2.1 熱源方式	–	–	–	–	–	–	–	①	①
	2.2 配管方式	–	–	–	–	–	–	–	①	①
	2.3 ダクト方式	–	–	–	–	–	–	–	–	
	2.4 冷温水方式	–	–	–	–	–	–	–	①	
	2.5 パッケージエアコン方式（室内機）	①⑥	④⑤⑥	①	①	④⑥	①③⑤	①⑤⑦	③	
	2.6 屋外機の設置	①	②④	①	④	①	①	①	①	
3 暖房設備	3.1 放射暖房方式	–	①	–	–	–	–	–	–	
	3.2 温風暖房方式	–	–	–	–	–	–	–	③	
4 換気設備	4.1 自然換気	②	①	①	①	①	①	①	①	
	4.2 機械換気	③	③	③	③	①②③	①②③	③	③	①②
	4.3 全熱交換換気	–	–	–	–	①	①	–	①	
5 衛生設備	5.1 給水方式	①	①	①	①	①	①	①	①	
	5.2 給湯方式	①	②	②	②	①	①	①	①	
	5.3 排水方式	①	①	①	①	②	②	②	②	
	5.4 ガス方式	①	①	①	①	②	②	①	①	
6 防災設備	6.1 屋内消火栓	–	–	–	①	–	–	–	①	
	6.2 スプリンクラー消火設備	–	–	–	–	–	–	–	–	
	6.4 火災警報・報知設備	①	①	①	①	③	③	③	③	
7 電気設備	7.1 受変電設備	①	②	②	④	②	②	②	②	④
	7.2 幹線設備	①	①	①	②	①	①	①	①	①
	7.3 照明設備	③④	③④⑥	⑥	③⑥	②③	③⑥	①	①	
	7.4 TV共聴視設備	①	②	③	①	①	①	①	①	①

Chapter2では、建築設備の断面ダイアグラムを用いて、各設備システムを示した。下表に、このとき示した建築設備システムを縦軸に示し、次ページ以降の17事例を横軸に示した。表中の建築設備システムと17事例の交点には①、②、③……という数字が示されている。これがChapter2で示した数字①、②、③……と合致している。

さまざまなサービスを提供する建築				自然エネルギーを利用した建築			備考
⑪ ウェルネスコンプレックス・レテ	⑫ 郊外型のパチンコ店	⑬ 名古屋能楽堂	⑭ 市原湖畔美術館	⑮ 乃木坂ハウス	⑯ 七沢希望の丘初等学校	⑰ 林の中の研究所	
−	−	−	−	①	−	−	
−	−	−	−	−	−	−	
−	−	−	−	③	−	−	
−	−	−	−	−	①	③	
−	−	③	−	①	−	③	
−	−	①③	−	①	−	②	
−	−	①	−	−	−	−	
−	−	①②③	−	①	−	①	
③	⑤	⑤	③⑤	−	③	③	
②	②	①	②	−	①	①	
−	−	−	−	①	−	−	
−	−	②	②	−	③	−	事例13は見所の一部に設置。事例14は併設レストランに設置
−	−	−	−	②	②	②	
①②③	①②③	①②③	①②③	①②③	①②③	①②③	
−	①	②	①	−	−	−	
③	①	①	③	①	③	①	
③	①	②	①	①	①	①	
①③	②	①③	②③	①		①	事例14の地下排水は機械排水方式として浄化槽に接続とする。
①	②	①	②	①	①	−	
−	①	①	①	−	①③	−	
−	−	①	−	−	−	−	
③	③	③	③	①	③	③	
④	③	④	③	①	③	②	
②	①	①	①	①	①	①	事例10は電力地中化地域。
①②③	⑥	③⑥	③	③④	③④	①	照明は主要室を示す。
①	①	①	①	③	①	①	

いばらきの家――床下に空調機を設置した住宅

この住宅は機械設備に依存したエネルギー利用を極力抑え、
自然エネルギー活用を主眼とした住宅である。

高断熱、高気密を基本とし、南面した開口部を大きく設定し、冬期の日射量の確保を図り、
夏期の日射遮蔽は庇の出幅、バルコニーの出によりコントロールしている。

夏期の夜間冷気、中間期の通風は南面窓から取り入れ、
1階北側窓および2階北側の窓へ抜ける間取り構成としている。

床下（趣味室は2期工事）に設置した空調機は床下空間自体をダクトスペースとし、
ベタ基礎部分を蓄熱機能として活用している。

屋根に設置した太陽熱集熱器のペアチューブは極力美観を
損なわないよう棟換気口を利用し、天井裏を経由して
ガス給湯機付貯湯ユニットに接続している。

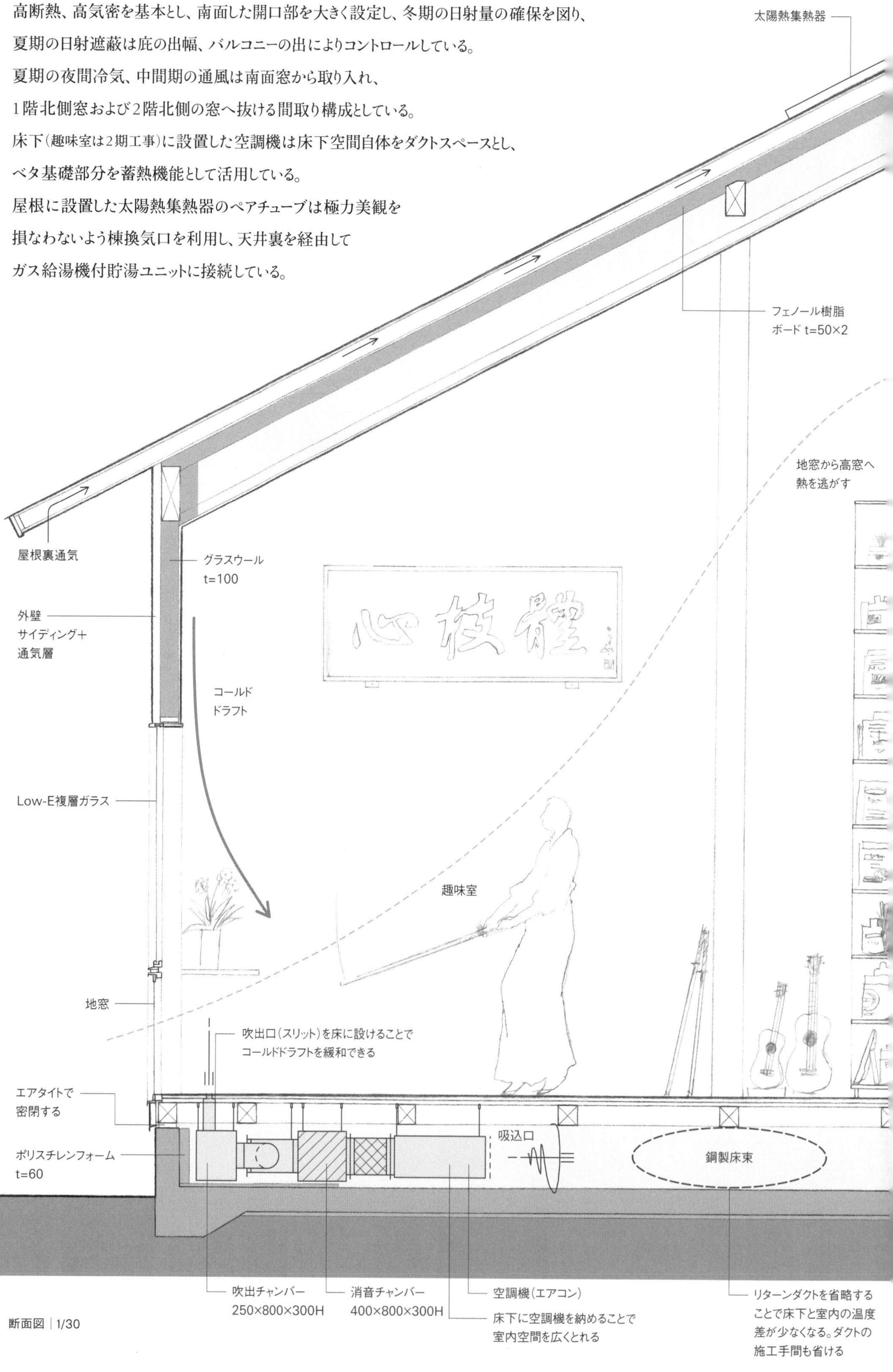

太陽熱集熱器

フェノール樹脂
ボード t=50×2

地窓から高窓へ
熱を逃がす

屋根裏通気

グラスウール
t=100

外壁
サイディング＋
通気層

コールド
ドラフト

心技体

Low-E複層ガラス

趣味室

地窓

吹出口（スリット）を床に設けることで
コールドドラフトを緩和できる

エアタイトで
密閉する

ポリスチレンフォーム
t=60

吸込口

鋼製床束

吹出チャンバー
250×800×300H

消音チャンバー
400×800×300H

空調機（エアコン）

床下に空調機を納めることで
室内空間を広くとれる

リターンダクトを省略する
ことで床下と室内の温度
差が少なくなる。ダクトの
施工手間も省ける

断面図｜1/30

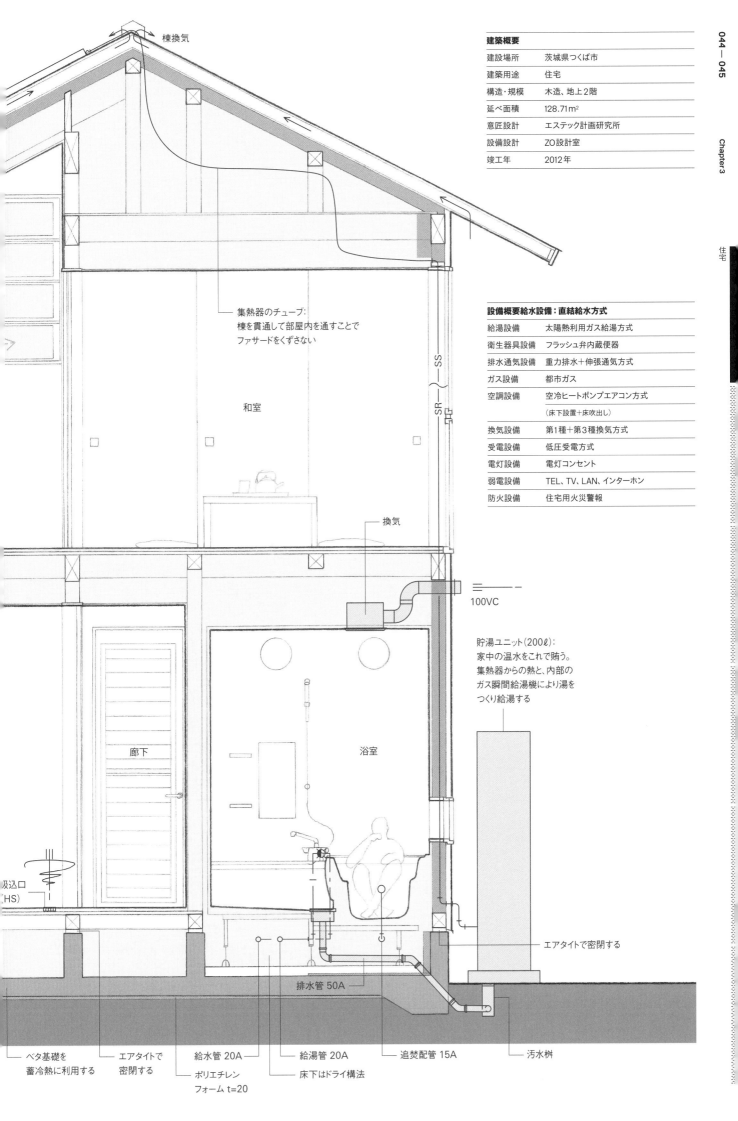

棟換気

建築概要

建設場所	茨城県つくば市
建築用途	住宅
構造・規模	木造、地上2階
延べ面積	128.71m²
意匠設計	エステック計画研究所
設備設計	ZO設計室
竣工年	2012年

集熱器のチューブ:
棟を貫通して部屋内を通すことで
ファサードをくずさない

和室

設備概要給水設備:直結給水方式

給湯設備	太陽熱利用ガス給湯方式
衛生器具設備	フラッシュ弁内蔵便器
排水通気設備	重力排水＋伸張通気方式
ガス設備	都市ガス
空調設備	空冷ヒートポンプエアコン方式
	（床下設置＋床吹出し）
換気設備	第1種＋第3種換気方式
受電設備	低圧受電方式
電灯設備	電灯コンセント
弱電設備	TEL、TV、LAN、インターホン
防火設備	住宅用火災警報

換気

SR —〜— SS

100VC

貯湯ユニット（200ℓ）:
家中の温水をこれで賄う。
集熱器からの熱と、内部の
ガス瞬間給湯機により湯を
つくり給湯する

廊下

浴室

吸込口
（HS）

エアタイトで密閉する

ベタ基礎を
蓄冷熱に利用する

エアタイトで
密閉する

給水管 20A

ポリエチレン
フォーム t=20

給湯管 20A

床下はドライ構法

追焚配管 15A

汚水桝

排水管 50A

1 —— 太陽熱利用ガス温水給湯方式

住宅のエネルギー使用の約36.7%は給湯用エネルギーであるが（関東地方）、太陽熱利用の集熱器（4m²）を設置することで、約40%の給湯負荷を削減することが可能となる。

本事例では、太陽熱集熱器を屋根上に設置して貯湯槽との間を配管で結び、貯湯槽内温度を上昇させる。さらに、ガス瞬間給湯機に貯湯槽の湯が供給され、設定された給湯温度まで昇温し給湯する。

2 —— 床吹出空調方式

住宅の空調機（エアコン）は一般には壁に掛けられる場合が多く、空調機の吹出し気流を不快に思っている人が少なくない。この住宅は空調機を床下に設置して、1階の床面窓側（ペリメーター）の吹出口から空調機の送風を吹き出すことで、気流が人に当たるのを避けている。また、床下設置の本来の目的は暖房時の快適性確保（コールドドラフト防止）と居住部分に空調が限定されることによる省エネルギーにある。住宅の暖房用エネルギー

使用割合は給湯に次いで2番目に多く、約20%となっている。ちなみに、冷房のエネルギー使用量は約2%とかなり少ない。

3 —— 床吹出空調方式の特徴

床吹出口と空調機はダクトにより接続されているが、床吸込口とエアコンは床下空間で一体となっている。いわゆる床下チャンバー方式である。こうすることで、床下ダクトの施工を最小限にし、かつ床下を室内温度と同じにしている。つまり、床暖房はしていないが、床面の冷えを防止している。窓側の床吹出口から暖気を吹き上げることで窓から室内に侵入する冷気（コールドドラフト）を緩和し、暖房の効果を大きくしている。

4 —— 床吹出風速の考え方

一般に、空調機の吹出口が天井や壁面にある場合、温度分布を均一にするのに必要な気流は5m/sといわれている。床吹出しの場合は3m/sで設計することが冷暖房上は良い。冷暖房吹出口の風速が2m/s以下の場合、冷房時に冷気が

床面に停滞し、室内床から2mより上には暖気が残ってしまう。一方、暖房時吹出風速が4m/s以上となると、吹き出された暖気が一気に上昇し、天井面に暖気が集まる傾向となり、暖房時の足元が不快となる。

5 —— 通風で冷房を使わない工夫

夏は冷房の使用エネルギーを少なくしつつ、快適に過ごしたいと考えている人が多い。そのため、本住宅では通風を工夫することで、冷房を少しでも使わなくてよいようにしている。また、壁や屋根は十分な断熱遮熱を施している。さらに、窓の配置、面積、開閉方式を重点に、室内通風を効率的に計画している。

6 —— 敷地内で生ゴミ処理

家庭から発生するゴミ処理のため、焼却場や運搬車で燃料を使用し、環境に悪影響を及ぼしている。施主は台所で発生する生ゴミはゴミとして出さず、そのまま敷地内のコンポストで堆肥　して、地域の植生を重視した庭づくりに活用している。

南外観。屋根の太陽熱集熱器、1階ストーブの煙突、南壁面にある夏期通風用のウインドキャッチャーの窓が配置されている

1階リビング。省エネルギーの一端を担う暖房用の薪利用型ストーブが設置されている

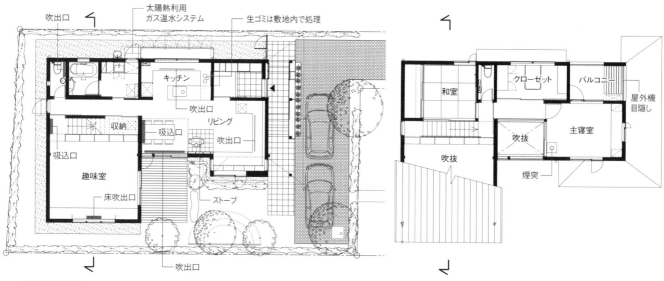

平面図 | 1/200

屋根面のつくりは特に夏期における直射日光からの屋根裏の温度上昇を抑えるため、二重構造により通気層を構成した屋根となっている。

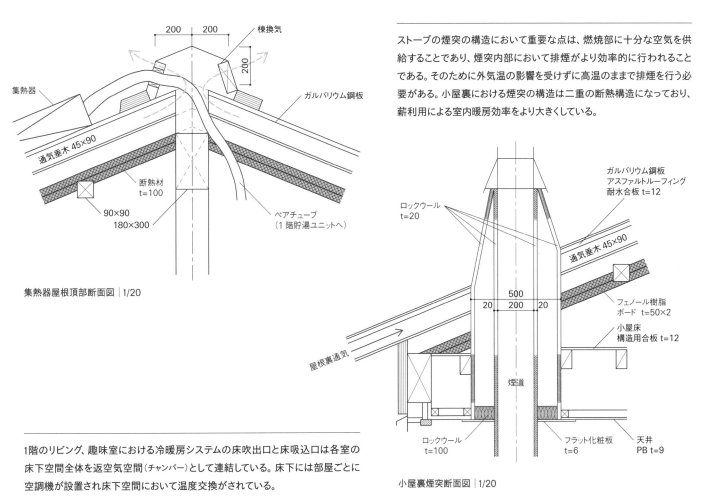

集熱器屋根頂部断面図｜1/20

ストーブの煙突の構造において重要な点は、燃焼部に十分な空気を供給することであり、煙突内部において排煙がより効率的に行われることである。そのために外気温の影響を受けずに高温のままで排煙を行う必要がある。小屋裏における煙突の構造は二重の断熱構造になっており、薪利用による室内暖房効率をより大きくしている。

小屋裏煙突断面図｜1/20

1階のリビング、趣味室における冷暖房システムの床吹出口と床吸込口は各室の床下空間全体を返空気空間（チャンバー）として連結している。床下には部屋ごとに空調機が設置され床下空間において温度交換がされている。

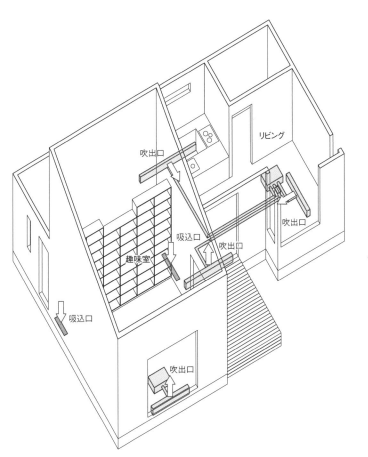

床下冷暖房システムの空気の流れ

屋根には太陽熱集熱器を設置し、貯湯槽内の水を加熱しながら貯湯する。給湯が必要なときは、貯湯槽からの湯を利用することができる。貯湯槽の湯が十分に加熱されていないときは、ガス給湯機をバックアップとして運転する。このため通常のガス給湯機よりは約40%のエネルギーの節約が可能となる。

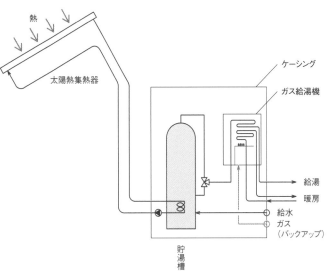

太陽熱利用ガス温水給湯システム

東京の都心に建つ1階をピロティとしたRC造4層の住宅である。概して都心型の住環境は少ない冬期の日照と夏期の通風、
自動車騒音、排気ガス等、自然環境を積極的に利用するためには不利な土地柄が多いといえる。

敷地は北側の道路面から約2m下がった南北に細長い形状となっている。

断熱性を上げるために外壁は鉄骨造＋軽量気泡コンクリート＋ウレタン吹付けの断熱構成となっている。

屋上は太陽光発電パネルを設置し、夏の直射日光からの遮熱効果を付加した2重屋根を形成している。

日照が確保されない時期においては暖房設備を稼働させる。3階キッチンの天井内に設置された空調機から
ダクト方式により3階天井部と4階窓下床部の上下に送風し、ダクトの引回しの省力化を行っている。

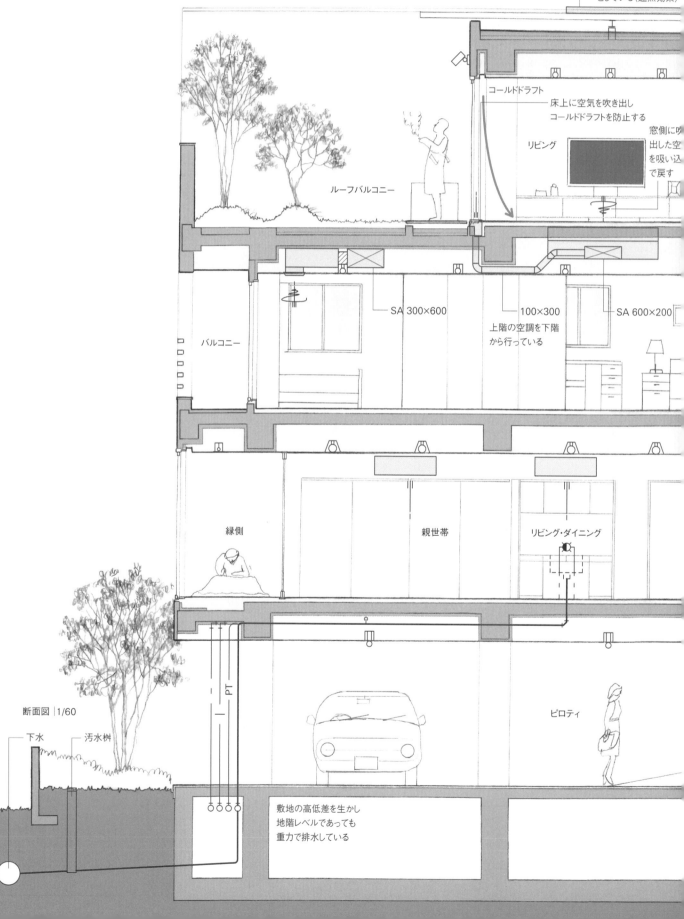

太陽光発電パネル:
景観に配慮して水平設置
としている(遮熱効果)

コールドドラフト

床上に空気を吹き出し
コールドドラフトを防止する

リビング

窓側に吹
出した空
を吸い込
で戻す

ルーフバルコニー

バルコニー

SA 300×600

100×300
上階の空調を下階
から行っている

SA 600×200

縁側

親世帯

リビング・ダイニング

断面図 |1/60

PT

ピロティ

下水

汚水桝

敷地の高低差を生かし
地階レベルであっても
重力で排水している

建築概要

建設場所	東京都港区
建築用途	共同住宅（二世帯住宅）
構造・規模	RC造＋鉄骨造、地上4階
延べ面積	467.68m²
意匠設計	エステック計画研究所
設備設計	ZO設計室
竣工年	2010年

設備概要

給水設備	直結給水方式
給湯設備	中央式給湯方式（エコキュート）
衛生設備器具	フラッシュ弁内蔵便器
排水通気設備	重力排水＋伸張通気方式
ガス設備	都市ガス
空調設備	空冷ヒートポンプエアコン方式
暖房設備	ヒートポンプ温水方式（床暖房）

換気設備	第1種＋第3種換気方式
受電設備	低圧受電方式
電灯設備	電灯コンセント
弱電設備	TEL、CATV、LAN、インターホン
防火設備	住宅用火災警報

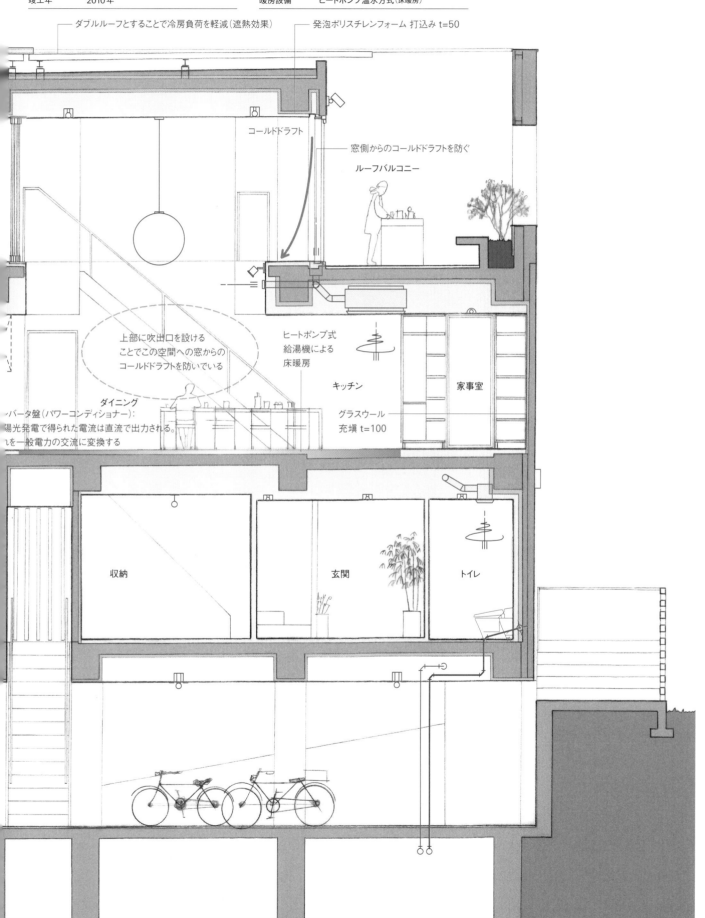

ダブルルーフとすることで冷房負荷を軽減（遮熱効果）

発泡ポリスチレンフォーム 打込み t=50

コールドドラフト

窓側からのコールドドラフトを防ぐ

ルーフバルコニー

上部に吹出口を設けることでこの空間への窓からのコールドドラフトを防いでいる

ヒートポンプ式給湯機による床暖房

キッチン

家事室

ダイニング

ンバータ盤（パワーコンディショナー）：
陽光発電で得られた電流は直流で出力される。
1を一般電力の交流に変換する

グラスウール充填 t=100

収納

玄関

トイレ

1———太陽光発電で創エネルギー

屋上に太陽光発電パネルを設置し、最大電力4.0kWを発電している（次ページ図参照）。この太陽光発電パネルは屋根全体を覆うように水平に設置している。これにより、夏の日射を軽減し、冷房負荷も低減している。年間には4400kWhを発電し創エネルギーを行っている。今後は脱CO_2のために太陽光発電に期待するところは大きい。

2———3階ダイニングの空調

3階ダイニングの空間は4階までの吹抜けのため、3階キッチンの天井に空調機を設置して、冷暖房をしている。3階は天井面に吸込口を設け、空調機で加熱、冷却した空気を壁面に設けた吹出口より送風して、冷暖房を行っている。吹出口の風速は7m/sにして対向する壁まで気流が到達するように設計している。さらに、3階の空調からのダクトの一部は4階窓面での床吹出しとなっていて、吹抜け上部にある窓からのコールドドラフトがダイニングに落ちるのを防止する役割を担っている。

3———3階ダイニングは床暖房

3階ダイニングは暖房時に吹抜けの足元の冷えを防止するため、ヒートポンプ式給湯機の貯湯槽内の湯を利用した床暖房としている。ヒートポンプの性能が高ければもっとも効率が良いシステムであるため、ヒートポンプ式給湯機は暖房にも兼用している。

4階リビング。3階ダイニングと一体の吹抜け部分に面する木製大型引戸は冬期には閉じて暖房効率を上げている。夏期には開放し3階と一体化することで通風効率を上げている

3階ダイニング。右の壁に、空調の吹出口が見える。4階床も同じ空調機でコールドドラフトを防いでいる

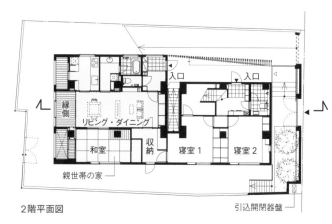

2階平面図

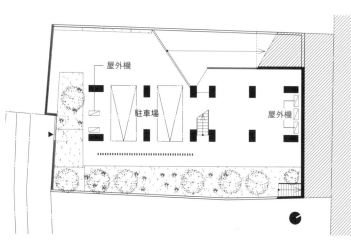

1階平面図｜1/300

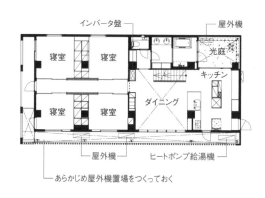

3階平面図

4 ── ヒートポンプ式給湯機

本事例の給湯は、深夜電力を使用したヒートポンプ式給湯機（通称エコキュート）を採用している。給湯機にはガス給湯機や電気ヒータータイプ、コージェネレーション型給湯機、ハイブリッド（エコキュート＋エコジョーズ）給湯機があるが、イニシャルコスト、ランニングコスト等からヒートポンプ式給湯機とした。

5 ── 二世帯住宅としての対応

親子で1軒の家に住んでいるが、しかし運用面では経費を分けることにしている。そのため、水道光熱費は世帯ごとの負担とする。この原則に基づいて水道料金、電力量料金が支払えるように配管・配線ルートを区分している。

6 ── 照明器具はLED

本住宅が竣工した2010年は照明器具の大きな転換期であった。あるメーカーは白熱灯の生産中止を発表し、照明カタログには高価なLED照明器具が追補版として紹介されはじめた時期である。設計時LEDは過渡期であり、見積りで予算オーバーなら減額案として採用中止も考えた。LEDの電力消費当たりの光束は、蛍光灯と同じ55lm/W前後である。金額としては蛍光灯の選択もありえたが、55lm/W以上の製品も多く出はじめていたため、将来を見越して本設計では照明器具にLEDを採用した。

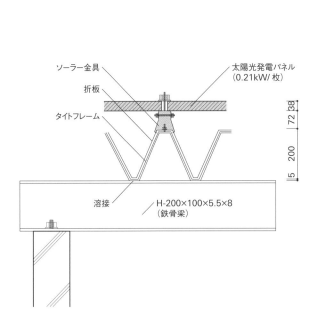

太陽光発電パネル（水平設置型）の取付け部断面図 ｜ 1/15

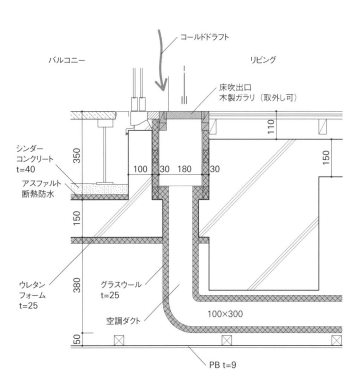

4階床吹出部断面図 ｜ 1/15

ヒートポンプとは冷凍機を暖房機として利用できるようにしたものをいう。一般に使われているヒートポンプエアコンは、夏は冷凍運転を行うことで冷房を行うことができる。冬は排熱を利用して暖房を行うヒートポンプ運転に切り替えている。つまりヒートポンプは加熱運転専用として冷凍機を用いるもののことをいう。特長としては、成績係数（COP）が良く、高効率運転が可能となる。ヒートポンプ給湯機は、ヒートポンプ運転を行って、貯湯タンク内を徐々に加熱しながら高温の湯を貯めることで、ヒートポンプの仕組みを給湯機として用いることができるようにしたものである。ヒートポンプを稼働させるために、深夜電力を用いてヒートポンプを動かして貯湯タンクに湯を貯めるものを「深夜電力利用ヒートポンプ式給湯機」という。ヒートポンプの効率は、ガスや石油、電気ヒーター等に比べ良く、また、1次エネルギー換算でもっとも良いとされる。しかし、ヒートポンプ運転時の成績係数が、周辺環境で左右されることに注意する必要がある。

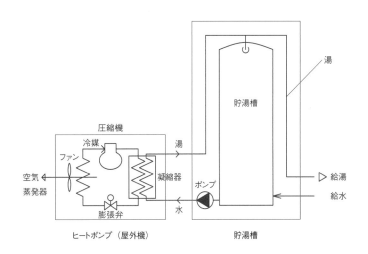

深夜電力利用ヒートポンプ式給湯機の仕組み

長屋住宅形式のコーポラティブハウス──エントランスデッキ下を配管ピットとする

このコーポラティブハウス(9世帯)は、住戸形式(平面、断面、仕上げ、設備方式)が各室ですべて異なっている。

地下部と1階部、2階部と3階部のそれぞれにおいてメゾネット方式を採用することで共用部面積の少ない長屋形式となっている。

建物外周部の外壁、屋根において外断熱方式を採用し、

年間を通して外気温からの影響を極力少なくし、

室内側のコンクリート部位の熱容量を利用して室内温度の安定化を図っている。

また地下部分の住戸の良好な居住性を確保するための方策として、空堀(ドライエリア)を活用している。

この結果、地階部の、[1]前面避難通路の確保、

[2]十分な採光の確保、[3]通風換気経路の確保、

[4]外部騒音からの保護、[5]比較的安定した地中温度利用等による

良好な居住環境が形成されている。

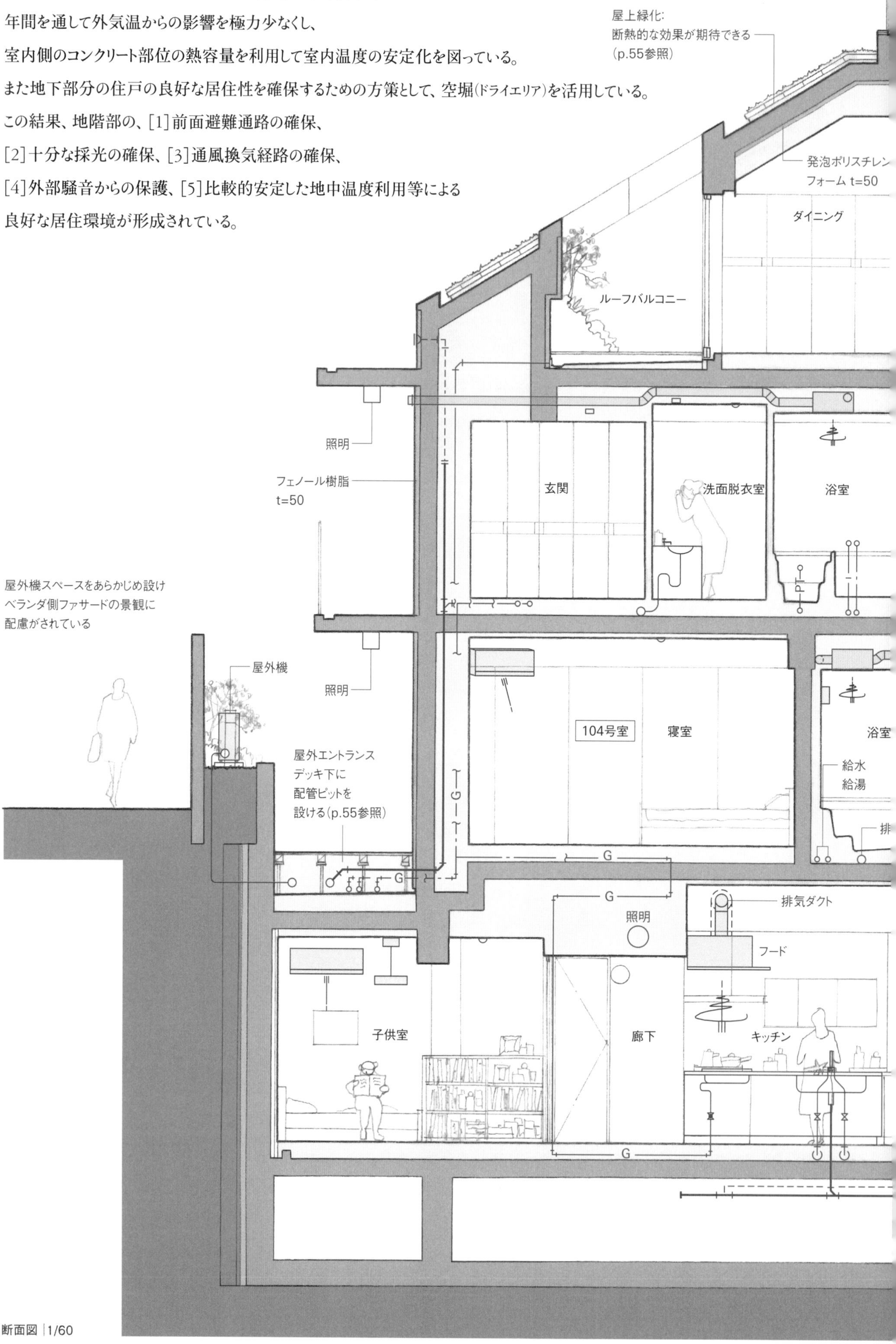

屋上緑化:
断熱的な効果が期待できる
(p.55参照)

発泡ポリスチレン
フォーム t=50

ダイニング

ルーフバルコニー

照明

フェノール樹脂
t=50

玄関

洗面脱衣室

浴室

屋外機スペースをあらかじめ設け
ベランダ側ファサードの景観に
配慮がされている

屋外機

照明

104号室　寝室

浴室

給水
給湯

排

屋外エントランス
デッキ下に
配管ピットを
設ける(p.55参照)

G

G

G

照明

排気ダクト

フード

子供室

廊下

キッチン

G

断面図│1/60

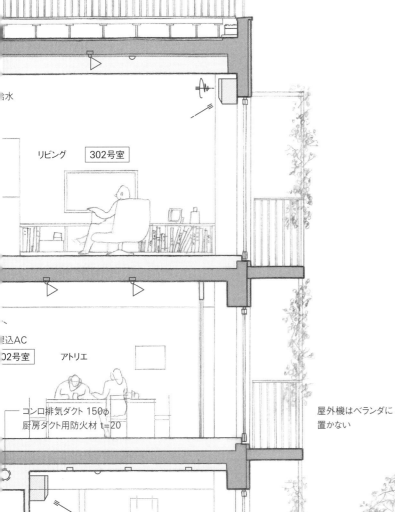

排水

リビング 302号室

埋込AC

02号室 アトリエ

コンロ排気ダクト 150φ
厨房ダクト用防火材 t=20

103号室 寝室・広間

室

04号室

リビングダイニング タタミコーナー

気管

汚水管

雨水管 汚水管

屋外機はベランダに
置かない

ライトコート:
各住戸の排水を
ライトコート下に集約。
ポンプアップで排水する

通気管

建築概要

建設場所	東京都世田谷区
建築用途	長屋住宅
構造・規模	RC造、地下1階地上3階
延べ面積	664.13 m²
意匠設計	エステック計画研究所
設備設計	ZO設計室
竣工年	2011年

設備概要

給水設備	直結給水方式
給湯設備	各住戸中央給湯方式
衛生器具設備	フラッシュ便内蔵便器
排水通気設備	重力排水、伸張通気、機械排水方式
ガス設備	都市ガス
空調設備	空冷ヒートポンプエアコン方式
換気設備	第3種換気方式
受電設備	低圧受電方式
動力設備	エレベーター、ポンプ用
電灯設備	電灯コンセント
弱電設備	TEL、TV、LAN、インターホン
防災設備	住宅用火災警報

1 ── コーポラティブハウスは各住戸自由なプラン

コーポラティブハウスは建設組合を組織して、組合が工事発注する。この点が他の分譲住宅とは異なり、住宅の取得金額が安くなると考えられている。その一方で、各住戸の自由なプランニングが一般的であるため、排水計画によっては天井高が制約されることがある。つまり、適正な勾配を確保するため、排水立て管から排水位置が離れている場合、仕上床が高くなり天井高が低く抑えられることになる。しかし、与えられた区分での自由な平面計画はユーザーにとっては魅力的である。

2 ── 長屋は共用空間がない

この住戸は法規的には長屋に分類され、共用空間がない。そのためエントランスは各住戸に設けることになる。よって共用部らしきところは各住戸のエントランスに向かう屋外デッキくらいとなる。仮に地下空間（ドライエリア、地下中庭）が発生しても、それは専用部で区分して使用することになる。その分、共同住宅の場合より設備スペースや設備機器が必要となり、コストにおいても余剰分を考慮しておく必要がある。

3 ── 長屋における設備の共用

建築基準法上の長屋においては共用部は設けないが、屋外の共用部は存在する。屋外共用部の水道光熱費算定には共用メーターが必要となる。

3階平面図

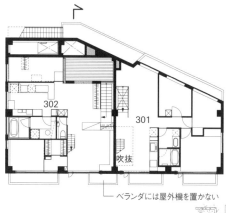

302
301
吹抜

── ベランダには屋外機を置かない

2階平面図

屋外機

301
302
202
201

1階平面図

── 専用の屋外機置場を設けファサードの景観に配慮する

105 104

── 共用のエントランスデッキ（下部に雨水および地上階の給排水管を設ける）

103
102 101

── 地下採光

ライトコート

地下1階平面図
1/300

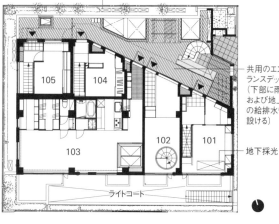

TL
LC LC
105

104 102 101

── 共用のライトコート下ピットに排水を集める
── マンホール
── 地上に排水

ライトコート

屋上庭園

ライトコート。各住戸からの排水がこの下に集められる

ベランダ側ファサード。屋外機を設置しない

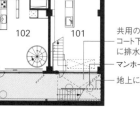

共用部エントランスデッキ。この下にも排水管を納める。
画面右は屋外機置場で、外からは見えないように配慮されている

4 —— 各住戸にメータースペース、専用のPSが必要

住戸の水道光熱費は電力会社の電気メーター、水道局の水道メーター、ガス会社用ガスメーターを設置して計量する。電話やTVも各住戸で契約するため、長屋のTV共聴視は考えられない。そのためCATVや光ケーブルでの戸別視聴が好ましい。インフラ整備が不十分である地域ではアンテナの設置位置に苦労することになる。

5 —— 地階排水は排水槽からポンプアップが必要

地階にも住戸を設け、ライトコートやドライエリアを確保することで地上階に比肩できる住居空間ができる。地階で発生した排水は下水本管の方が通常上にあり、自然の勾配で下水道本管に接続はできない。そのため、排水槽に一時的に貯水しポンプで排出する（設備系統図参照）。排水槽に貯水することで、水を一時的に集約させることになる。この容量を過大に設定しないことが排水槽の容量算定上重要である。

6 —— 排気ダクトは隣家を通さない

住戸の台所、浴室、トイレからの排気ダクトはそれぞれの区分所有範囲内で納める。ただし、排水管は隣家を通過する場合がある。空調ダクトは区画貫通部での処理ができたとしても極力避けたい。

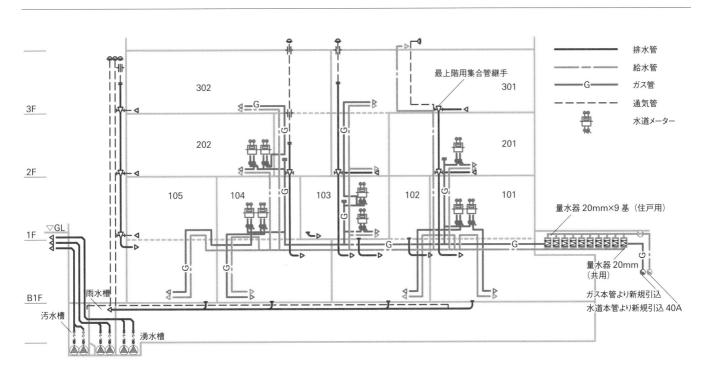

設備系統図（断面図）。各住戸内で処理できるよう設備計画する

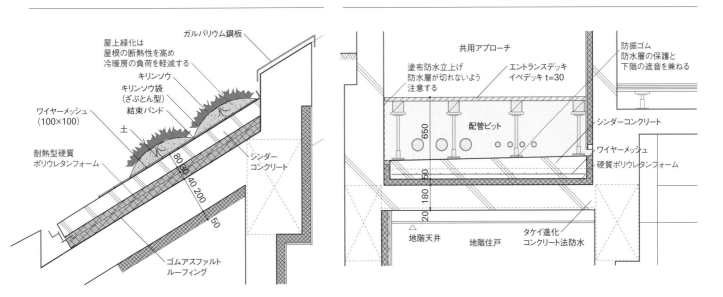

屋上庭園断面図｜1/20

エントランスデッキ断面図｜1/30

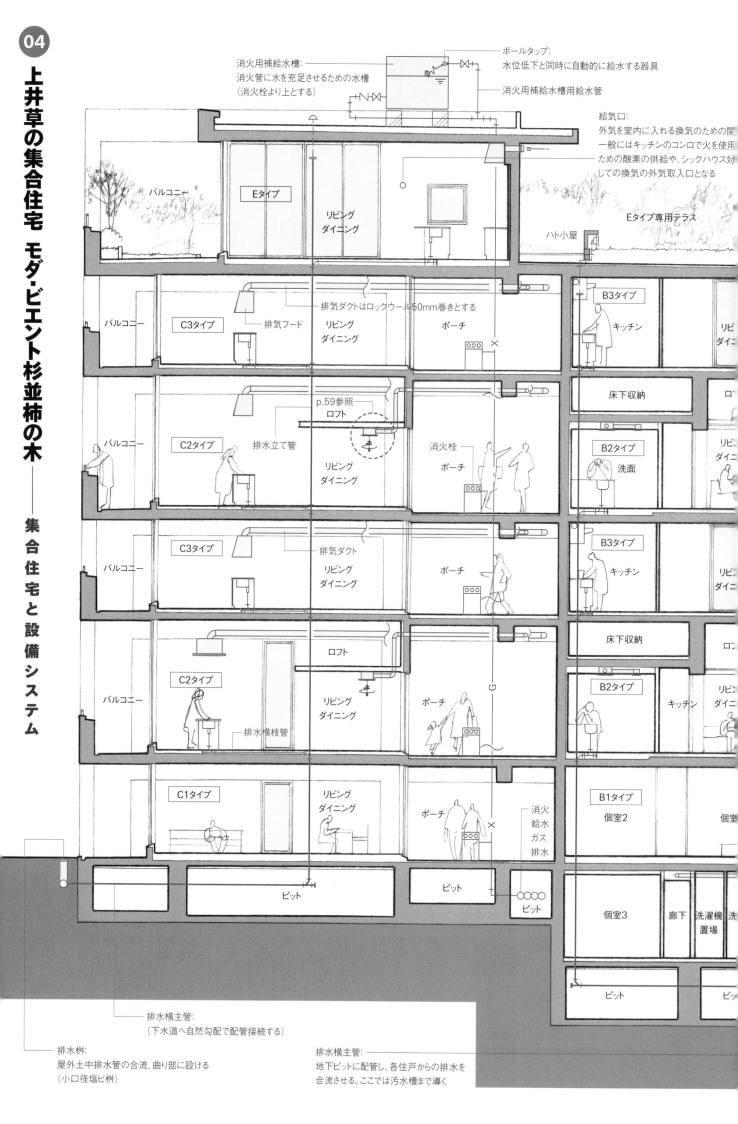

上井草の集合住宅 モダ・ビエント杉並柿の木——集合住宅と設備システム

消火用補給水槽:
消火管に水を充足させるための水槽
（消火栓より上とする）

ボールタップ:
水位低下と同時に自動的に給水する器具

消火用補給水槽用給水管

給気口:
外気を室内に入れる換気のための開口
一般にはキッチンのコンロで火を使用
ための酸素の供給や、シックハウス対
しての換気の外気取入口となる

バルコニー

Eタイプ

リビング
ダイニング

Eタイプ専用テラス

ハト小屋

排気ダクトはロックウール50mm巻きとする

バルコニー

C3タイプ

排気フード

リビング
ダイニング

ポーチ

B3タイプ

キッチン

リビ
ダイ

p.59参照
ロフト

床下収納

ロ

バルコニー

C2タイプ

排水立て管

リビング
ダイニング

消火栓

ポーチ

B2タイプ

洗面

リビ
ダイ

バルコニー

C3タイプ

排気ダクト

リビング
ダイニング

ポーチ

B3タイプ

キッチン

リビ
ダイ

床下収納

ロ

ロフト

バルコニー

C2タイプ

排水横枝管

リビング
ダイニング

ポーチ

B2タイプ

キッチン

リビ
ダイ

C1タイプ

リビング
ダイニング

ポーチ

消火
給水
ガス
排水

B1タイプ

個室2

個室

ピット

ピット

ピット

個室3

廊下

洗濯機
置場

洗

ピット

ピッ

排水横主管:
（下水道へ自然勾配で配管接続する）

排水桝:
屋外土中排水管の合流、曲り部に設ける
（小口径塩ビ桝）

排水横主管:
地下ピットに配管し、各住戸からの排水を
合流させる。ここでは汚水槽まで導く

この事例は、RC造地下1階、地上6階の集合住宅であり、

北側斜線制限に準じて断面形状が階段状の外観となっている。

各住戸単位は58−110m²のファミリータイプの43住戸で構成されている。

建物のブロック形状は中庭を中心としたロの字状であり、

その中庭を囲むように共用廊下が設けられ

各住戸玄関前のアルコーブへのアプローチとなっている。

建築全体の断面構成においては、通常高さ階と階高3.75m階を交互に組み入れ、

階高3.75m階にあっては室内に吹抜け、ロフト、

床下収納などを組み合わせたメゾネットタイプの住戸が主となっている。

上下階における設備シャフトは平面的に同一配置とし、

最上階から最下階まで垂直になるように設定してある。

このことは給排水の漏水のリスクを避けるための効果的な手法といえる。

ちなみにこの建物は全電化共同住宅として設計された比較的稀な事例といえる。

建築概要	
建設場所	東京都練馬区
建築用途	共同住宅
構造・規模	RC造、地下1階地上6階
延べ面積	3988.25m²
意匠設計	谷内田章夫／ワークショップ（現エアリエル）
設備設計	ZO設計室
竣工年	2008年

設備概要	
給水設備	増圧直結給水方式
給湯設備	各住戸中央給湯方式
衛生器具設備	フラッシュ便内蔵便器
排水通気設備	重力排水、伸長通気、機械排水方式
ガス設備	都市ガス
空調設備	空冷ヒートポンプエアコン方式
換気設備	第3種換気方式
受電設備	集合住宅用変圧器
動力設備	エレベーター、ポンプ用
電灯設備	電灯コンセント
弱電設備	TEL、CATV、LAN、インターホン
防災設備	自動火災報知設備、屋内消火栓設備

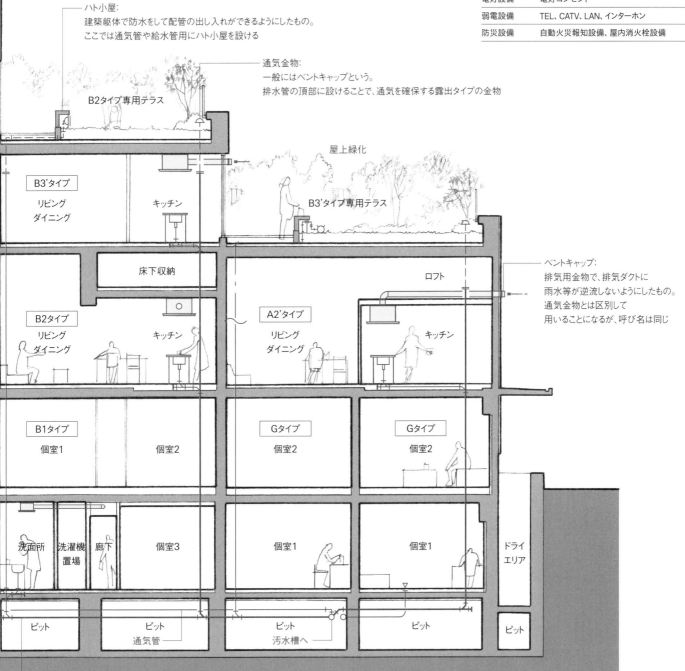

ハト小屋:
建築躯体で防水をして配管の出し入れができるようにしたもの。
ここでは通気管や給水管用にハト小屋を設ける

通気金物:
一般にはベントキャップという。
排水管の頂部に設けることで、通気を確保する露出タイプの金物

B2タイプ専用テラス

屋上緑化

B3'タイプ
リビング
ダイニング
キッチン
B3'タイプ専用テラス

ベントキャップ:
排気用金物で、排気ダクトに
雨水等が逆流しないようにしたもの。
通気金物とは区別して
用いることになるが、呼び名は同じ

床下収納
ロフト

B2タイプ
リビング
ダイニング
キッチン

A2'タイプ
リビング
ダイニング
キッチン

B1タイプ
個室1
個室2

Gタイプ
個室2

Gタイプ
個室2

洗面所
洗濯機置場
廊下
個室3

個室1

個室1

ドライ
エリア

ピット
ピット
通気管
ピット
汚水槽へ
ピット
ピット

断面図｜1/100

1 ── 集合住宅用変圧器による借室の省スペース化

一般に電力は1敷地1契約となる。しかし、共同住宅の場合は各住戸とその他共用部とに分けて、電力会社と契約することが一般的である。よって、共同住宅では、高圧受電となる場合に電力会社用の受変電設備を設置するための部屋（借室）が必要となり、共同住宅の一部に設けることになる。

ところで、都心部を中心とする地域では250kVA程度までであれば集合住宅用変圧器の設置で受変電が可能となり、借室の省スペース化が可能となる。本事例においてもその手法を採用している。その反面、本体の設置スペースに注意が必要である。

2 ── 増圧直結給水方式

全国の主要都市では、増圧直結給水方式の採用が可能となっている。この方式の最大のメリットは、受水槽を設けなくてよいため、汚染の機会が少なく給水水質の劣化を防げることである。また水道本管の保有エネルギーを損失することなく利用でき、省エネルギー上の利点も効果大である。本事例においても増圧直結給水方式としている。もっとも安全とされる給水方式であるが、規模により、採用が難しい場合があり、また水道事業者との十分な打合せが必要になる。

3 ── 集合住宅用の給水負荷算定

集合住宅の水使用実態が大きく変化している。その背景として、住居人員の減少、生活パターンの多様化、水使用器具の節水化が考えられる。このギャップによる給水量の減少から、受水槽の過大設計、給水ポンプ、給水配管径の過大設計となり、給水水質の劣化が心配されている。これらを最適化するための、集合住宅用の給水負荷算定式として、以下を用いるとよい。

集合住宅の瞬時最大給水量Q（ℓ/分）

$Q = 26P^{0.36}$（P=1−30人）

$Q = 15.2P^{0.51}$（P=31−2000人）

Pは住居人員で集合住宅全体（ファミリータイプ）ではP＝3N（N=戸数）を最大としてよい。適切な給水量の算定は、給水方式の選定の根拠ともなる。

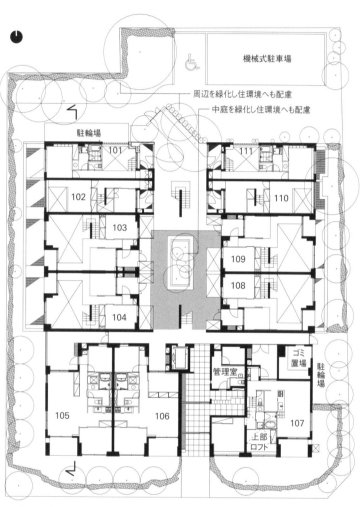

1階平面図｜1/400

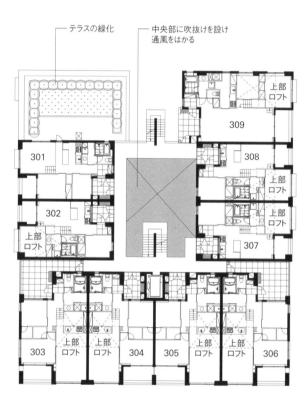

3階平面図

西側外観。階段状の外観は、北側斜線制限に準じている

B2タイプのリビング、ダイニング吹抜け

4 ——— 排水通気管は専有部は自由に配管する

排水通気管はPS内に設置し、各住戸からの排水を受け入れる。このとき、専有部では一般的な集合住宅はスラブ上コロガシが必須である。この集合住宅の建築的特徴は自由な室内空間で、同一住戸内でも2層、3層となっているところも多い。このとき、排水管位置を必ずしもスラブ上ばかりとは限定せず、天井に配管するときもある。専有部内に納まっていればよいのである。そのため、排水管の天井配管は許容される。

5 ——— 専有部のダクト、配管の納め方

集合住宅の換気ダクトや、給排水管は主に天井懐や床下空間に納めることが多い。共にその寸法を小さくすることで、室内天井高さを最大値にしようとする。例として、本事例の天井ダクト納まりと、床下排水管納まりの考え方を図に示した。

6 ——— ネット環境は共同住宅全体で構築

情報通信環境の整備は共同住宅では重要な要素となる。この建物では光ファイバーケーブルを光成端室まで引き込み、ここから各住戸をループして、情報通信を可能にしている。光ファイバーを各住戸まで直結させることは住戸数の少ない（10戸以下）場合は可能となるが、20戸以上ではこの方式となる。この方式ではアウトレットまでは100Mbpsの情報伝送は不可能であるが（現在は1Gbps前後である）、光成端室までのインフラを簡素にまとめることが可能となっている。

レンジフードの排気はロフト部分の木製床を貫通することになる。木部と排気ダクト間にロックウール50mmを巻く必要があるが、同様の性能を示す排気ダクト用防火材t=20mmを用いて処理をしている。

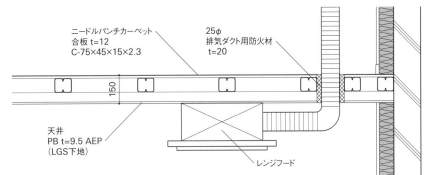

レンジフードまわり断面図（ノンスケール）

住戸からの排気ダクトは、廊下を通過させて排気する。その際柱から近くの梁貫通が構造上制限された。梁貫通を1カ所に統合するための方法として、排気ダクト150A2本を225Aの2管路管に合流させ、見かけ上1本の排気ダクトとして統合する。梁貫通サイズは250Aと大きくなるが、梁貫通を1カ所とできた。

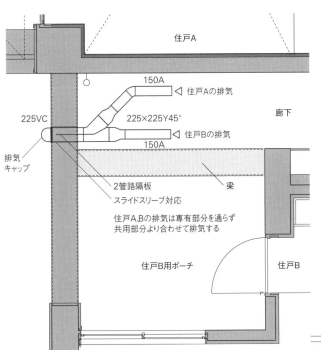

排気ダクトを統合する概念（平面図、ノンスケール）

ダクトの保温には結露防止の場合はグラスウール20mmを巻くことで処置するが、木部の防火対策としてロックウール50mmを巻いている。

用途	ダクト径	保温	
給排気	75 Φ	20	50
	100 Φ	20	50
	150 Φ	20	50
	200 Φ	20	50

保温については防露用とし20、火を使用した排気は50とする。

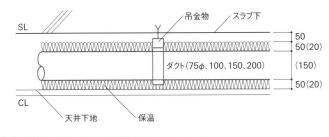

専有部天井懐とダクト納まり検討図（断面図、ノンスケール）

排水管を床下内部に納めるときは、排水管勾配を考慮した床下有効寸法を確保する必要がある。上記を目安として考えるとよい。排水管勾配100Aは1/100、75A以下は1/50とする。

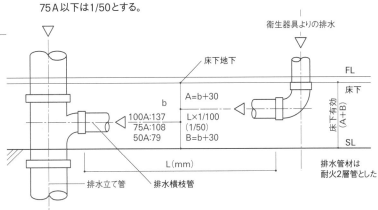

専有部排水横枝管の長さと床下空間の納め方（断面図、ノンスケール）

歯科診療部と住宅部を一体化した複合建築である。平面計画は2.7m角グリッドを1単位として全体を縦5グリッド、横11グリッドの長方形で構成している。構造は木造軸組構造＋大壁工法である。

2.7m角グリッドに合わせた設備を計画するなかで、特に空調設備の見えがかりが大きな課題である。

外周壁には開口部を設けず、採光、太陽光、風を中庭グリッドからのみ取り入れることでより落ち着いた室内空間を構成することが可能となっている。断面計画は平屋の診療部から2階建ての住宅部に向かって軒高3.3mから最高軒高7.0mのゆるやかな変形方形屋根で一体化し、室内天井形状もそれに準じた形状となっている。また各平面グリッドに向けての設備配管、空調ダクト、空調機のためのスペースを床下ピット内に設けて室内空間に設備機器類が極力露出しないよう配慮されている。

ちよだの森歯科クリニック──床下を設備ピットに活用

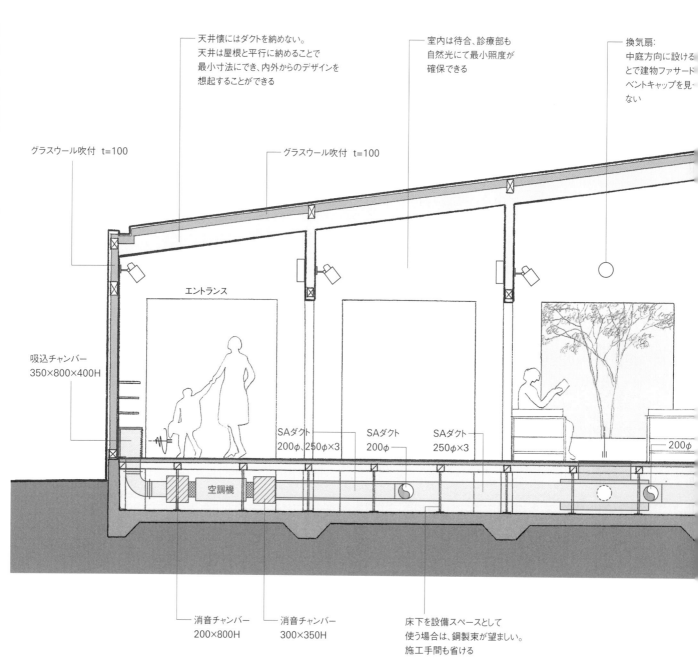

天井懐にはダクトを納めない。天井は屋根と平行に納めることで最小寸法にでき、内外からのデザインを想起することができる

室内は待合、診療部も自然光にて最小照度が確保できる

換気扇：中庭方向に設けることで建物ファサードベントキャップを見・ない

グラスウール吹付　t=100

グラスウール吹付　t=100

エントランス

吸込チャンバー
350×800×400H

SAダクト
200φ、250φ×3

SAダクト
200φ

SAダクト
250φ×3

200φ

空調機

消音チャンバー
200×800H

消音チャンバー
300×350H

床下を設備スペースとして使う場合は、鋼製束が望ましい。施工手間も省ける

断面図｜1/50

建築概要

建設場所	群馬県邑楽郡
建築用途	歯科医院＋住宅
延べ面積	353.34 m²
構造・規模	木造、地上2階
意匠設計	小川博央建築都市設計事務所
設備設計	ZO設計室
竣工年	2011年

設備概要

給水設備	直結給水方式
給湯設備	局所給湯方式(医院)、中央給湯方式(住宅)
衛生器具設備	フラッシュ弁内蔵便器
排水通気設備	重力排水、ループ通気方式
ガス設備	LPガス
空調設備	空冷ヒートポンプパッケージエアコン方式
暖房設備	ヒートポンプ温水方式(床暖房)
換気設備	第3種換気方式

受電設備	低圧受電方式
動力設備	空調機、歯科用
電灯設備	電灯コンセント
自動火災報知設備	P型2級
弱電設備	TEL、TV、LAN、インターホン
防災設備	自動火災報知設備
汚水処理設備	合併浄化槽方式

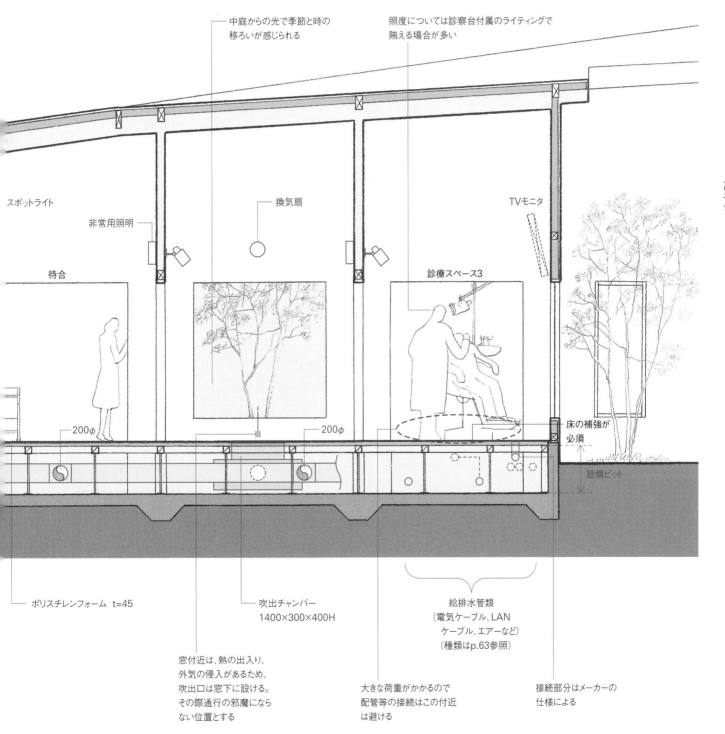

中庭からの光で季節と時の移ろいが感じられる

照度については診察台付属のライティングで賄える場合が多い

スポットライト

非常用照明

換気扇

TVモニタ

待合

診療スペース3

200φ

200φ

床の補強が必須

設備ピット

ポリスチレンフォーム t=45

吹出チャンバー 1400×300×400H

給排水管類 (電気ケーブル、LANケーブル、エアーなど) (種類はp.63参照)

窓付近は、熱の出入り、外気の侵入があるため、吹出口は窓下に設ける。その際通行の邪魔にならない位置とする

大きな荷重がかかるので配管等の接続はこの付近は避ける

接続部分はメーカーの仕様による

1 ──── 空調は床下から

歯科用設備は床下から診察台に接続されている。この考え方を空調にも適用して、空調機を床下に設置し、床吹出空調方式とした。

床吹出空調は「吹出口や吸込口にゴミが入ったらどうするか?」と問われることが多く、「気になったら掃除して下さい」と答える。天井に吹出口や吸込口を設けたときはゴミが入らないが、汚れていても清掃されない場合も多く、床の方がよいといえよう。

2 ──── 診察台への配管、接続

歯科診察台への配管は給水、電気、情報、排水、ガス、バキューム、エアー、口腔外バキューム等が接続される。使用勝手によっては通信、ガス、口腔外バキュームは除かれることもある。

情報は、患者への説明のための設備が用いられる。ガスは使用量が少ないため、LPガスを診察台に内蔵する方法が多い。エアーは圧縮空気として供給し、治療中に使用する。バキュームは口内で発生した唾や削りかすの除去、治療中に飛散する口内物質を捕集する。これらの配管は床下から診察台に接続されるため、歯科クリニックの床下は配管スペースとして重要な要素となる。

3 ──── 動力は歯科用バキュームと
コンプレッサーに供給

歯科用バキュームとコンプレッサーは3相200Vの動力が必要となる。電気使用料金は単相200V/100Vの使用料金より安い。そこで、常用機器として、空調機稼働用電力も3相200Vの

動力を採用した。

4 ──── 排水管への異物は流入させない

診療を行うとき、歯の詰物、異物としての石膏、金属片等が排出水に含まれ、排水管に流入する可能性がある。こうしたことから、歯科医院では一般にプラスター阻集器の設置が求められる。設置場所として医院内流し台の下や歯科技工士室の流し台があげられる。

5 ──── 浄化槽容量

この歯科クリニックは住宅併用の建築となっている。浄化槽容量を算定するには歯科クリニック部と住宅部を合算して処理対象人員や汚れ量を決定することになる。歯科クリニック部はゆったりとした平面計画のため、面積から算出

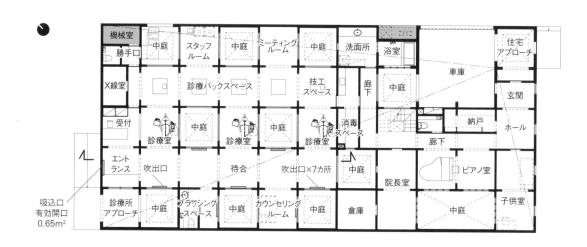

1階平面図 | 1/250

歯科用機械室
・バキューム
(処置中の口腔内唾液等の吸引用配管)
・エアー
(処置中の口腔内への圧縮空気用圧送配管)
・フリーアーム用バキューム
(口腔外空気の吸引用配管)

── バキューム
── バキュームリターン
── エアー

歯科用配管平面図
(ノンスケール)

外観。真白い箱型の形状。屋根部分に中庭の開口がうかがえる

待合と中庭。床の右側に吹出口のガラリが見える

すると過大と思われる処理対象人員となる。そこで、他の歯科医院の水使用データを3件集め、診察台当たりの水使用量からこの建物での水使用量を予測して、浄化槽の処理対象人員汚水量を決定した。

6 ── 排水は水路に放流する

敷地内にて発生する排水として、雨水排水と生活排水は下水道がないため水路に放流する。雨水は敷地内に降ったものを屋根や駐車場で集水して雨水排水管路を構成して所々で地下浸透をさせながら水路への排水ルートを確保した。生活排水は、汚水、雑排水を合流にて浄化槽で処理（放流水質BOD20mg/ℓ）し、流末の雨水排水管に接続放流している。

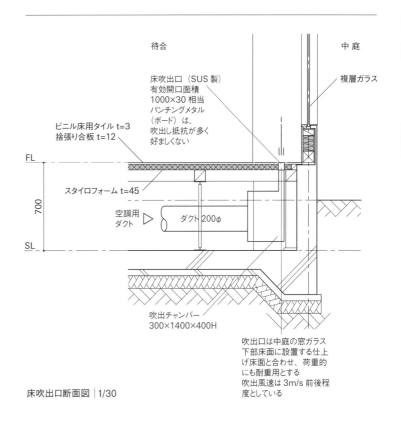

床吹出口断面図 │ 1/30

歯科診療では患者は診察台に乗って、歯科医は診察台に附属している機器類を用い治療や処置を行う。この診察台には建築設備的には多くの配管やケーブルが接続され機能を果たしている。それらの多くは露出することなく、床下から診察台に入り、各機器と結ばれている。

診察台と床下からの設備を接続する部分は、フリーアーム以外は1カ所にまとめられていて、施工中は診察台のメーカーから提示されるテンプレートによって、設備立上げ位置を特定することになる

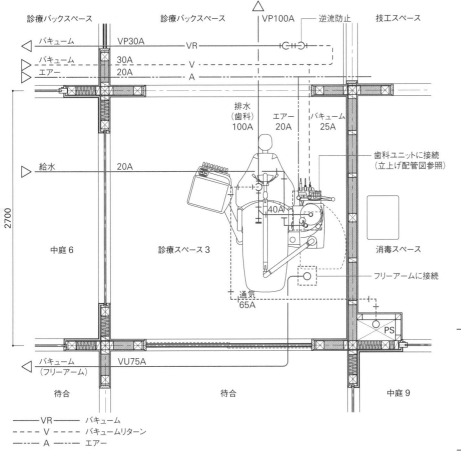

診察台まわり配管図（平面図1/40）

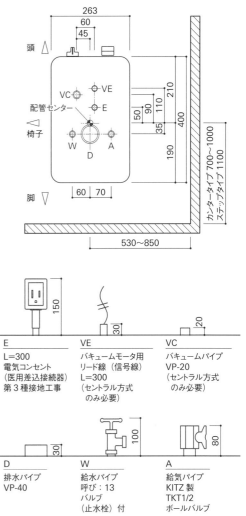

歯科ユニットの例（ノンスケール）

この眼科医院は木造在来軸組工法の平屋建て建築である。

屋根形状は凸型の平面を4ブロックに分け各々のブロックごとに4組の片流れ屋根を組み合わせた形状となっている。

室内においては、待合ロビーは、外部庭園からの緑の眺望を確保した豊かな内部空間とするべく、

天井を屋根形状なりの勾配天井としている。それによりロビー内の空調の空気循環もよりスムーズに快適になる。

空調は開口部からのコールドドラフト防止、高めの天井高による足元の冷え防止、

さらには開口部の結露発生を抑制する等の効果を発揮している。

診察部門においては診察室、処置スペース、手術室、スタッフルーム、院長室のそれぞれにおいて機能的な動線計画が施されている。

空調計画は、フラット天井とし、勾配屋根によりもたらされる広い天井裏スペースを利用して、

天井カセット型空調機本体およびダクトを設置している。

計画的には眼科という性格上、診察室は直射日光の侵入防止のため深めの庇の設置、最小限の開口面積を確保している。

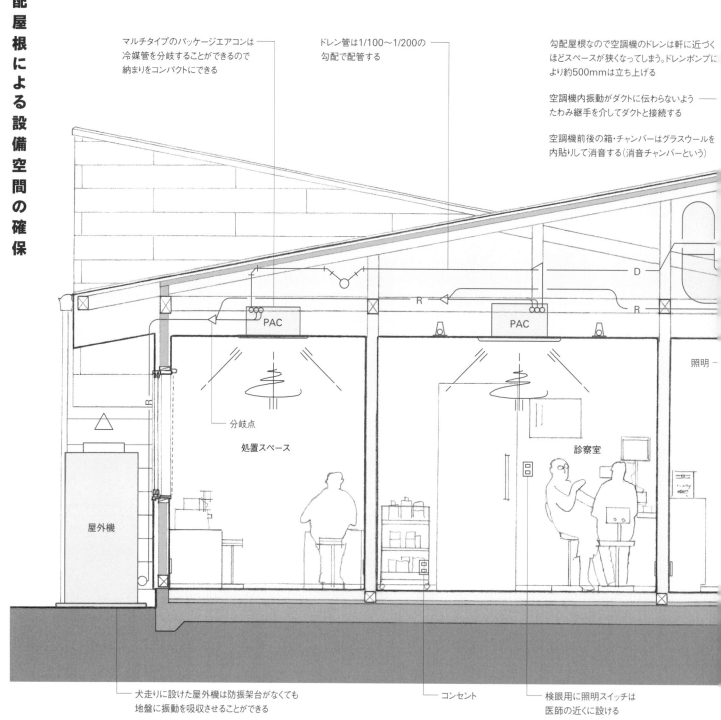

マルチタイプのパッケージエアコンは
冷媒管を分岐することができるので
納まりをコンパクトにできる

ドレン管は1/100〜1/200の
勾配で配管する

勾配屋根なので空調機のドレンは軒に近づく
ほどスペースが狭くなってしまう。ドレンポンプに
より約500mmは立ち上げる

空調機内振動がダクトに伝わらないよう
たわみ継手を介してダクトと接続する

空調機前後の箱・チャンバーはグラスウールを
内貼りして消音する(消音チャンバーという)

分岐点

処置スペース

診察室

照明

屋外機

犬走りに設けた屋外機は防振架台がなくても
地盤に振動を吸収させることができる

コンセント

検眼用に照明スイッチは
医師の近くに設ける

断面図│1/40

建築概要

建設場所	茨城県つくば市
建築用途	眼科医院
構造・規模	木造、地上1階
延べ面積	315 m²
意匠設計	向山建築設計事務所
設備設計	ZO設計室
竣工年	2011年

設備概要

給水設備	直結給水方式
給湯設備	局所給湯方式
衛生器具設備	フラッシュ弁内蔵便器
排水通気設備	動力排水、ループ通気方式
ガス設備	LPガス
空調設備	空冷ヒートポンプパッケージエアコン方式
換気設備	第1種、第3種換気方式
受電設備	低圧受電方式
動力設備	空調機用
電灯設備	電灯コンセント用
弱電設備	TEL、TV、LAN
防災設備	自動火災報知設備

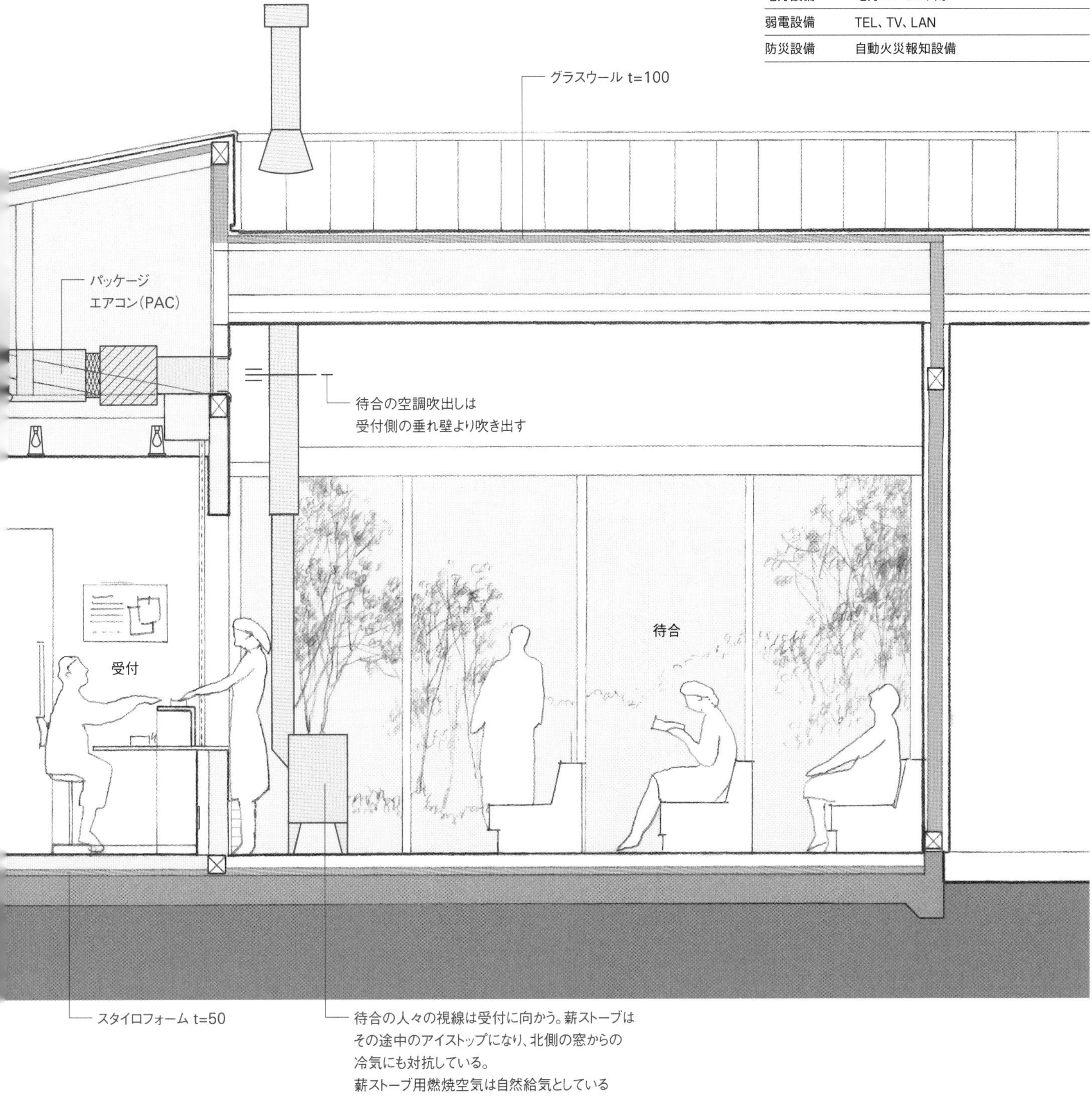

グラスウール t=100

パッケージ
エアコン(PAC)

待合の空調吹出しは
受付側の垂れ壁より吹き出す

受付

待合

スタイロフォーム t=50

待合の人々の視線は受付に向かう。薪ストーブは
その途中のアイストップになり、北側の窓からの
冷気にも対抗している。
薪ストーブ用燃焼空気は自然給気としている

1 —— 検査室の照明のオンオフを容易に

眼科検査室の照明照度は、500lx以上に確保する必要がある。しかし、検査内容によっては暗くする必要もあり、照明はオンオフが容易に行えるようにする。一般に照度を確保するには蛍光灯を用いる。しかし、蛍光灯はオンオフを1回行うごとに30分寿命が短くなるともいわれている。設計当時はLEDが汎用されていなかったため器具は蛍光灯を採用したが、現在はLEDを推奨している。

2 —— 待合室は壁吹出空調

待合室は庭を望める大きなガラス開口部がある。大きな開口からは空調負荷の多くが出入りすることになる。この負荷の出入りと室内の温度分布を均一にするため、壁面に設けられた吹出口はノズル型とし、吹き出された気流が片流れの天井に沿って足元まで回り込むように設計している。一般に暖房時は窓ガラス等からのコールドドラフトによって、足元に冷気溜まりができやすくなる。これを防ぐために吹出口の位置と天井勾配が上手く作用して足元の冷気を取り除く工夫をしている。

3 —— 薪ストーブ置場

薪ストーブや、ペレットストーブ等バイオマスストーブが、カーボンニュートラルを理由に普及している。これらは火を使用する器具であるため、設置場所の床面や壁面を可燃物から不燃材料へと変更して仕上げとするなどの、工夫をしている。合わせて、外気取入口も設置している。

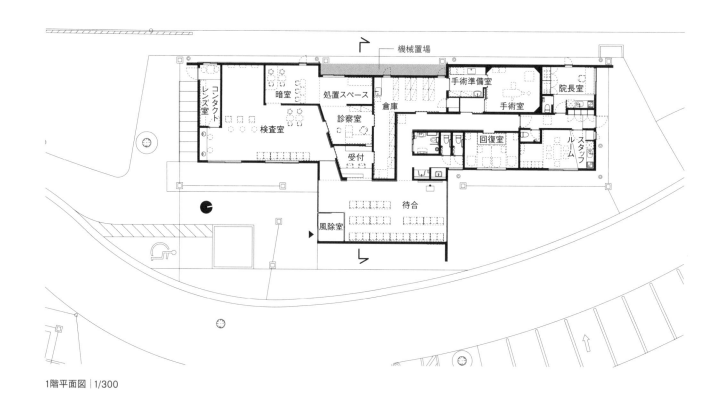

1階平面図 | 1/300

外観。敷地は十分な緑化をすることで、落ち着いた雰囲気を醸し出し、患者にも安心感を与えている

待合。大きく設けた開口は受付ばかりではなく、屋外へも視線を誘い、目に優しい仕掛けができている

4 ── 手術室の空調

手術室は清潔でなければならない。ゴミやチリが空気中に浮遊しない状態が好ましい。ゴミに付着した細菌やカビが患部に入り感染を起こすことが考えられるからである。手術室では空気中の浮遊粉塵を取り除くことで感染症を防止している。特に高度な手術ではその度合が高まることになる。一般にそのクリーン度の指標として米連邦規格基準が多く用いられ、クラス100、1000、10000、100000とランク付けをする。100は1立方フィート中に含まれる0.5μmの粒子の数が100個以下ということである。

空気中のクリーン度を高めるには空調系にHEPAフィルターを設置する。さらに手術室内を正圧（陽圧または＋圧）にし、ドアの開閉によって、外部からの空気が室内に侵入しないようにしている。眼科のほか、整形外科や脳外科ではクリーン度の高い手術室が求められる。

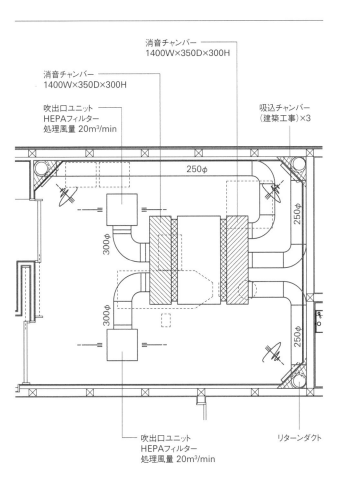

手術室空調設備（右の平面図に設備を重ねたもの）

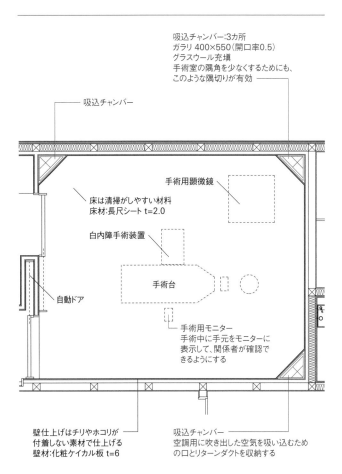

手術室平面図｜1/60

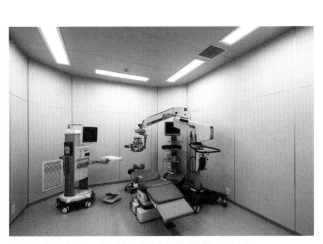

手術室。面積は小さいが安定した室内空気質が確保できるように空調空気の循環が確保されている

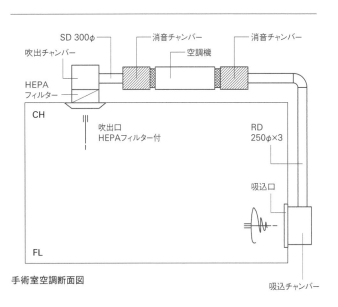

手術室空調断面図

ピヨピヨ保育園 —— 大型トップライトと保育室の気流コントロール

幼児棟と乳児棟を園庭の両側に分棟配置した、木造の保育園である。

幼児棟（下図）は切妻屋根構造で、保育室1室（3室に区切ることができる）と2層部の管理室（事務室、保育士休憩室、調理室等）が連続している。保育室は高天井のワンルームとなっており、その12mスパンの大屋根を支える梁成500mmの木製集成梁が1.8mピッチごとに設置されている。

保育室の勾配天井最上部の2カ所に3.0m×3.6mの大型トップライトを設置し、夏期の遮光機能を備えた自然採光、および室内上昇気流のコントロールを行っている。

柱、天井、壁、床などの主要な部分は木材が用いられている。

ダイナミックな大空間の中で児童たちが自然の木に触れながら育っていくことも、教育の重要な一端となるものといえよう。

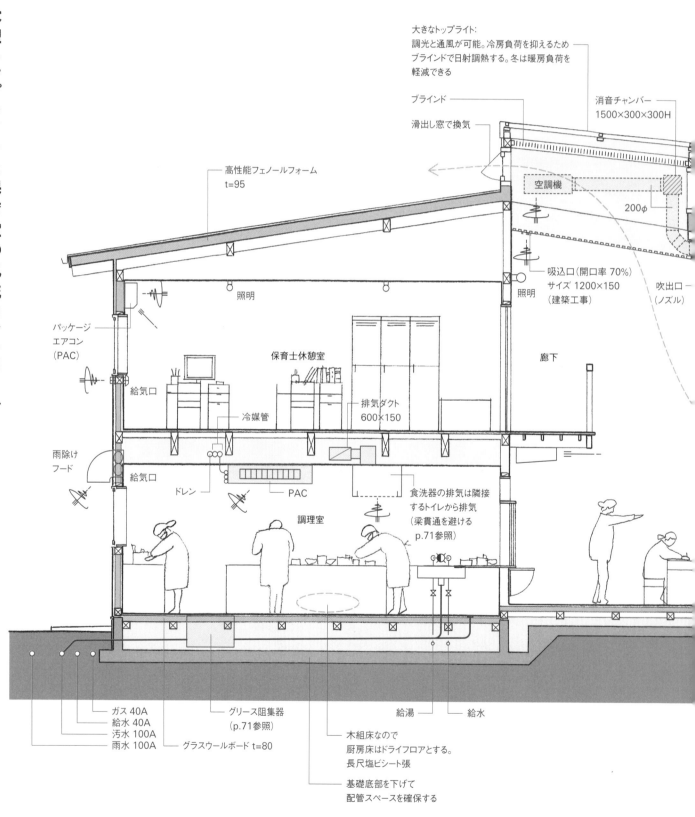

大きなトップライト:
調光と通風が可能。冷房負荷を抑えるためブラインドで日射調熱する。冬は暖房負荷を軽減できる

ブラインド

滑出し窓で換気

消音チャンバー
1500×300×300H

空調機

200φ

高性能フェノールフォーム
t=95

吸込口（開口率 70%）
サイズ 1200×150
（建築工事）

吹出口
（ノズル）

照明

照明

廊下

パッケージ
エアコン
（PAC）

給気口

冷媒管

保育士休憩室

排気ダクト
600×150

雨除け
フード

給気口

ドレン

PAC

調理室

食洗器の排気は隣接
するトイレから排気
（梁貫通を避ける
p.71参照）

ガス 40A
給水 40A
汚水 100A
雨水 100A

グリース阻集器
（p.71参照）

グラスウールボード t=80

給湯

給水

木組床なので
厨房床はドライフロアとする。
長尺塩ビシート張

基礎底部を下げて
配管スペースを確保する

幼児棟断面図 | 1/60

建築概要

建設場所	神奈川県鎌倉市
建築用途	保育所
構造・規模	木造、地上2階
延べ面積	436.3㎡
意匠設計	熊倉洋介建築設計事務所
設備設計	ZO設計室
竣工年	2011年

設備概要

給水設備	直結給水方式
給湯設備	局所給湯方式
衛生器具設備	ロータンク方式
排水通気設備	重力排水、ループ通気方式
ガス設備	都市ガス
空調設備	空冷ヒートポンプパッケージエアコン方式
換気設備	第1種、第3種換気方式
受電設備	低圧受電方式
動力設備	空調機用
電灯設備	電灯コンセント
弱電設備	TEL、TV、LAN、インターホン
防災設備	自動火災報知設備

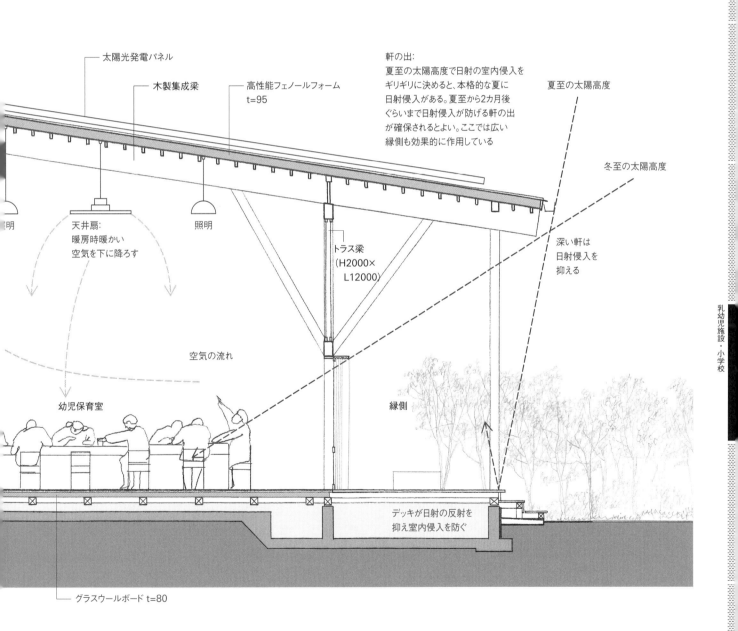

太陽光発電パネル

木製集成梁

高性能フェノールフォーム t=95

軒の出:
夏至の太陽高度で日射の室内侵入をギリギリに決めると、本格的な夏に日射侵入がある。夏至から2カ月後ぐらいまで日射侵入が防げる軒の出が確保されるとよい。ここでは広い縁側も効果的に作用している

夏至の太陽高度

冬至の太陽高度

明

天井扇:
暖房時暖かい空気を下に降ろす

照明

トラス梁
(H2000×
L12000)

深い軒は日射侵入を抑える

空気の流れ

幼児保育室

縁側

デッキが日射の反射を抑え室内侵入を防ぐ

グラスウールボード t=80

1 ── 幼児棟の保育室は一括空調

保育園は乳児棟と幼児棟に分けられている。幼児棟の保育室は年長、年中、年少の3分割ができて、間仕切りを取り除くとひとつの空間になる。間仕切りは床から1500mmの高さになっているため天井までには大きな空間がある。間仕切りより上に空調機を設置して、3分割の空間を2台の空調機で空調することで、3つの保育室の空調とした。この空間と設備の配置関係で空調運転を行うことは多少の無理が考えられるが、保育室の利用で、もっとも多い時間は間仕切りを取り除いたワンルームでの利用であるので、採用した。

2 ── 空調機は分散設置

保育園の建物は2分されているので、空調機も2分し、さらに用途により系統を分けて分散型とした。

空調機は、1台の屋外機に対し、複数台の室内機で運転するマルチタイプがあり、屋外機の設置スペースを考慮するとマルチタイプはよく採用されている。しかし、室内負荷に対し、屋外機容量が決定されているため、実運転では余裕が発生し、その分無駄なエネルギー使用となる。本事例のような建物形状においては、分散型で室内外機を1対1にした空調機運転のほうが効率良く機器の性能を発揮することができる。

3 ── 調理室排気は4系統

調理室は、木造の天井内に調理室用ダクトを納める。天井内は可燃物でできているため、調理室用排気ダクトには厚さ50mmのロックウール巻きを行う必要がある。

調理室は第1種換気とすることで、換気を確実に行う計画としている。RC造やS造では梁を貫通してダクトを通すことも可能であるが、木造では容易ではない。そこで、ダクトが梁をかわすために排気系統を4系統とした。一般には1系統で排気を行うことが多いが、本計画では4系統で排気処理をしたことで、排気ダクトは天井内に納めることができた（次ページ下図）。

4 ── 調理室内にグリース阻集器を設置

調理室では園児の昼食をつくり供給する。調理室排水に含まれるグリースが排水管内を狭塞させることで、排水障害が発生するため、グリースは早期に取り除く。

一般には調理室外部にグリース阻集器を設置することが多いが、本事例では調理室内の、排水経路上の最良な位置にグリース阻集器を設置した。日常点検にも十分に対応可能となる。

5 ── 電気の引込開閉器は屋外自立型

低圧受電で電力を引き込んでいる。保育園は木造のため、鋼板製の引込開閉器を埋込型で設置したり、露出型で設置したりすることは不釣合である。そこで、引込柱の近くに隣地に背を向けるようにして、引込開閉器を自立させて設置した。引込開閉器から2つの棟のそれぞれの分電盤まで、幹線ルートを設けている。

6 ── 雨水は敷地内で浸透処理

下水道は分流式下水道となっている。生活排水は下水道に放流することが可能である。しかし、雨水は放流先がないため敷地内で処理する必要がある。敷地内で雨水の処理をする際、雨水の受入れが社会資本として整備されていない自治体が多く、行政側から雨水処理の基準値が示されていないときもある。本事例では市の規準値に従いながら、浸透処理を雨水浸透トレンチ、雨水浸透桝を用いて行った。

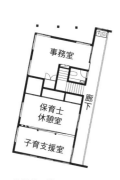

幼児棟2階

幼児保育室。大きなトップライトからの採光を確保

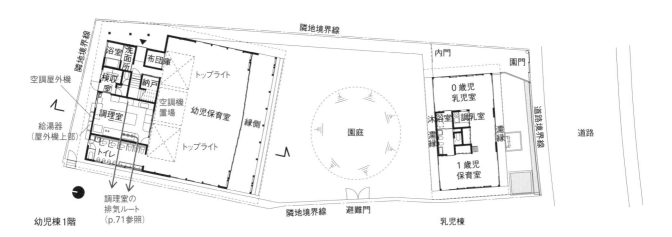

幼児棟1階

調理室の排気ルート（p.71参照）

乳児棟

吹抜けの空調機設置の天井部へ
の点検ルートは、2階屋根よりア
クセスする。空調機置場の北側
には点検口が設けられている。

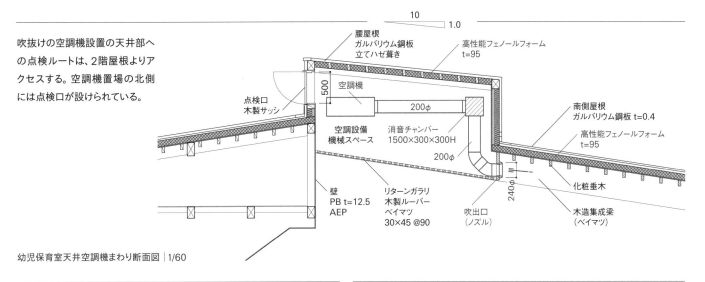

腰屋根
ガルバリウム鋼板
立てハゼ葺き

高性能フェノールフォーム t=95

空調機

500

200φ

点検口
木製サッシ

空調設備
機械スペース

消音チャンバー
1500×300×300H

200φ

南側屋根
ガルバリウム鋼板 t=0.4

高性能フェノールフォーム
t=95

240φ

化粧垂木

壁
PB t=12.5
AEP

リターンガラリ
木製ルーバー
ベイマツ
30×45 @90

吹出口
（ノズル）

木造集成梁
（ベイマツ）

幼児保育室天井空調機まわり断面図｜1/60

調理室の排気は2階床梁の関係で西側へ排気している。西側はすぐに隣地となっ
ているため、騒音対策として排気ダクト中での消音を行っている。調理室排気ダク
トの外壁直近の防火ダンパー(FD)は、延焼ラインにかかっているため設置。

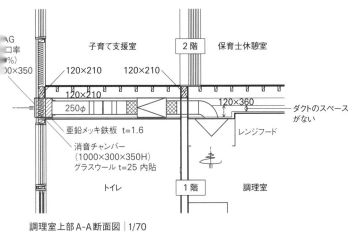

EAG
口率
%)
0×350

子育て支援室

2 階

保育士休憩室

120×210

120×210

120×210

120×360

ダクトのスペース
がない

250φ

亜鉛メッキ鉄板 t=1.6

消音チャンバー
（1000×300×350H）
グラスウール t=25 内貼

レンジフード

トイレ

1 階

調理室

調理室上部A-A断面図｜1/70

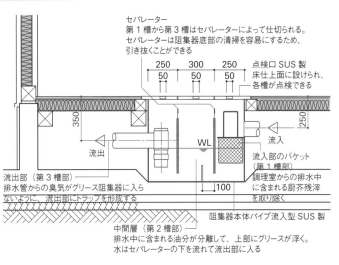

セパレーター
第 1 槽から第 3 槽はセパレーターによって仕切られる。
セパレーターは阻集器底部の清掃を容易にするため、
引き抜くことができる

250 300 250
50   50   50

点検口 SUS 製
床仕上面に設けられ、
各槽が点検できる

350

WL

250

流入

流出

流入部のバケット
（第 1 槽部）
調理室からの排水中
に含まれる厨芥残滓
を取り除く

流出部（第 3 槽部）
排水管からの臭気がグリース阻集器に入ら
ないように、流出部にトラップを形成する

100

阻集器本体パイプ流入型 SUS 製

中間層（第 2 槽部）
排水中に含まれる油分が分離して、上部にグリースが浮く。
水はセパレーターの下を流れて流出部に入る

グリース阻集器断面図｜1/30

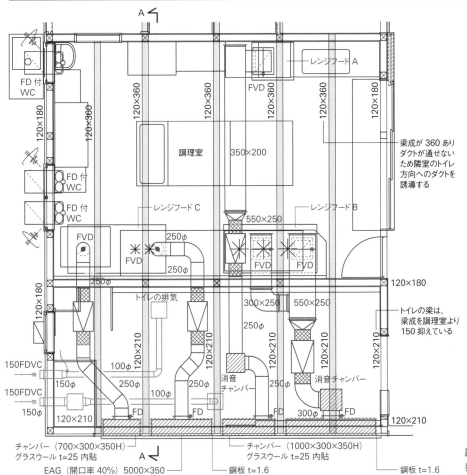

A

FD 付
WC

レンジフード A

120×180

120×360

120×360

120×360

FVD

120×360

120×360

120×180

120×360

120×180

FD 付
WC

調理室

350×200

梁成が 360 あり
ダクトが通せない
ため隣室のトイレ
方向へのダクトを
誘導する

FD 付
WC

レンジフード C

レンジフード B

FVD

250φ

550×250

FVD FVD

250φ

250φ

120×180

120×180

250φ

トイレの排気

300×250

550×250

トイレの梁は、
梁成を調理室より
150 抑えている

120×210

120×210

120×210

120×210

120×210

150FDVC

100φ

250φ

250φ

消音
チャンバー

250φ

250φ

消音チャンバー

150φ

250φ

150FDVC

100φ

150φ

FD

FD

FD

300φ

FD

120×210

120×210

チャンバー（700×300×350H）
グラスウール t=25 内貼

A

EAG（開口率 40%）5000×350

チャンバー（1000×300×350H）
グラスウール t=25 内貼

鋼板 t=1.6

鋼板 t=1.6

調理室とトイレ上部ダクトと梁の取合い（平面図 1/70）
梁とダクトを平行とし梁貫通を避ける。

飯島幼稚園 —— 寒冷地の床下吹込みによる全面暖房

寒冷多雪地域に建つこの幼稚園は、RC造ラーメン構造ベタ基礎による2階建てである。

1階コンクリート床スラブの下は、設備配管ピットとして積極的に利用している。

ピット部が接している土中の温度は、1年を通して比較的一定の温度が保たれており、外気温に影響が少ないという利点がある。

主要な部屋である保育室、遊戯室の床は、すべてコンクリートスラブの上を浮床方式にして、

床断熱材の天端から150mmの空間を設けてファンコイルユニットから床下に温風を吹き込む暖房方式に対応している。

断熱方式は内断熱の現場発泡ウレタンフォーム吹付けとなっている。

屋根については幼稚園という性格上、雪の滑落を考慮して無落雪屋根のフラットルーフとなっている。

職員室を中心に左右、上下のゾーンを使って年少、年中、年長のクラス分けがなされ、

屋内型の大きな遊戯室と各保育室を結ぶ動線も機能的に配置されている。

各保育室はすべて南向きとなって殊に冬期間の太陽日射を十分に受け、明るく暖かな環境となるよう、配置計画がなされている。

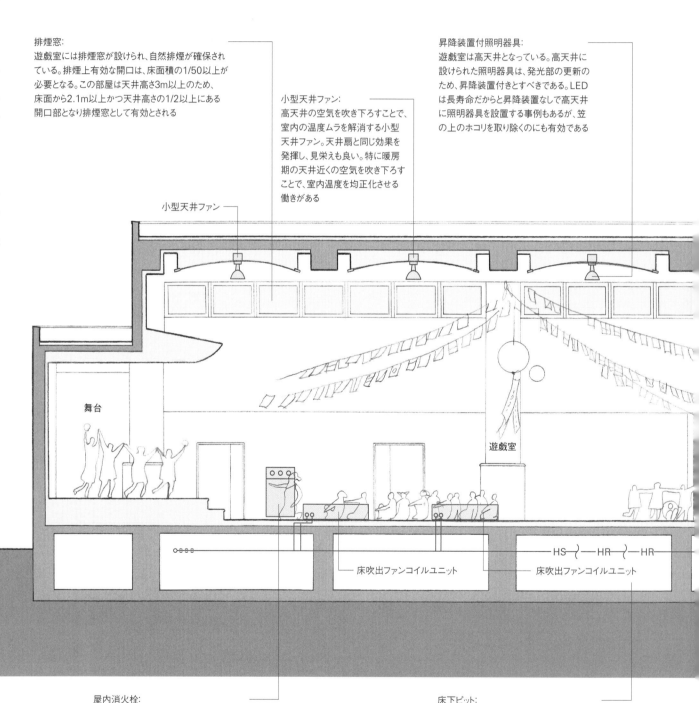

排煙窓:
遊戯室には排煙窓が設けられ、自然排煙が確保されている。排煙上有効な開口は、床面積の1/50以上が必要となる。この部屋は天井高さ3m以上のため、床面から2.1m以上かつ天井高さの1/2以上にある開口部となり排煙窓として有効とされる

昇降装置付照明器具:
遊戯室は高天井となっている。高天井に設けられた照明器具は、発光部の更新のため、昇降装置付きとすべきである。LEDは長寿命だからと昇降装置なしで高天井に照明器具を設置する事例もあるが、笠の上のホコリを取り除くのにも有効である

小型天井ファン:
高天井の空気を吹き下ろすことで、室内の温度ムラを解消する小型天井ファン。天井扇と同じ効果を発揮し、見栄えも良い。特に暖房期の天井近くの空気を吹き下ろすことで、室内温度を均正化させる働きがある

小型天井ファン

舞台

遊戯室

床吹出ファンコイルユニット

HS — HR — HR

床吹出ファンコイルユニット

屋内消火栓:
屋内消火栓設備が消防法上必要とされる。ここではパッケージ型消火を採用することで消火水槽、ポンプ、配管は不要となっている

床下ピット:
床下ピットは設備的には有用である。ピット内を配管、配線スペースとすることで、将来の配管更新が可能である。しかしピットを設けることでイニシャルコストが上がることになり、なかなか採用されないが、設備上は必須のものといえる

断面図 │ 1/100

建築概要

建設場所	秋田県秋田市
建築用途	幼稚園
構造・規模	RC造、地上2階
延べ面積	1715㎡
意匠設計	大江建築アトリエ
設備設計	ZO設計室
竣工年	2006年

設備概要

給水設備	直結給水方式
給湯方式	局所給湯方式
衛生器具設備	ロータンク方式
排水通気設備	重力排水、ループ通気方式
ガス設備	都市ガス
暖房設備	温水、ファンコイルユニット床吹出方式
換気設備	第1種、第2種、第3種換気方式
受電設備	低圧受電方式
動力設備	ボイラー、送風機用
電灯設備	電灯コンセント
弱電設備	TEL、TV、放送、インターホン
防災設備	自動火災報知設備

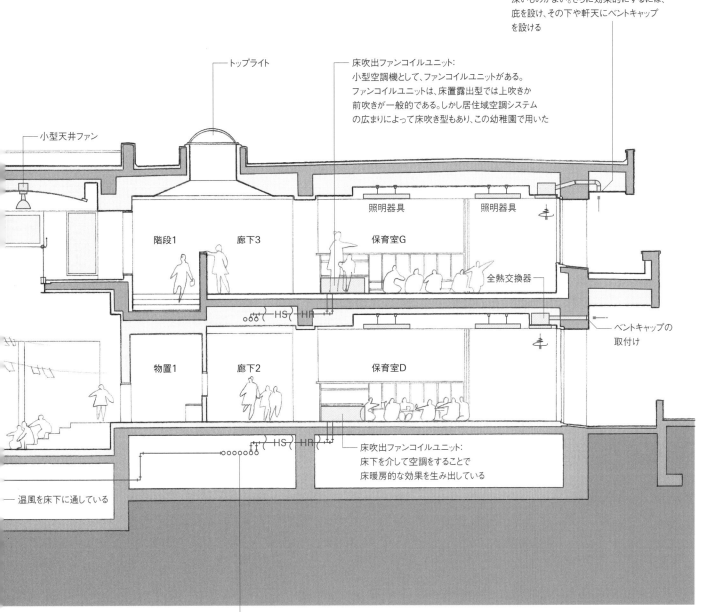

ベントキャップの取付け:
雪国のベントキャップ取付けは、フードの深いものがよい。さらに効果的にするには、庇を設け、その下や軒天にベントキャップを設ける

トップライト

床吹出ファンコイルユニット:
小型空調機として、ファンコイルユニットがある。ファンコイルユニットは、床置露出型では上吹きか前吹きが一般的である。しかし居住域空調システムの広まりによって床吹き型もあり、この幼稚園で用いた

小型天井ファン

照明器具　照明器具

階段1　廊下3　保育室G

全熱交換器

HS HR

ベントキャップの取付け

物置1　廊下2　保育室D

HS HR

床吹出ファンコイルユニット:
床下を介して空調をすることで床暖房的な効果を生み出している

温風を床下に通している

配管類
・温水往管、復管
・給水管
・電灯、動力電線管

1 ── ファンコイルユニット床吹出暖房

秋田の園舎内は十分な暖房が必要とされた。当初は床暖房も併設する条件であったが、建設費の削減も求められるなかで、ファンコイルユニットによる床吹出温風暖房の採用となった。温風は保育室内に直接吹き出すのではなく、スラブと仕上床の内部に吹き込むことにより床暖房に近い感覚を得ようとしている。

一般に、暖房器具から吹き出された空気は上昇気流となり、天井に溜まり、天井面から除々に室温が上昇し、最後に足元が目標温度に達する。これが温風暖房の欠点である。床吹出しとすることでこれを解決した。

床下空間に吹き出された温風は、床下のペリメーター部に設置された床吹出口または、窓台部に設けられた吹出口から吹き出される。室内は床暖房はしていないが、床面が冷たくなく、室内へのコールドドラフトも窓台よりの温風吹出しで抑えられているため、顔のほてりのない頭寒足熱暖房ができている。

2 ── 遊戯室は天井ファンにより気流調整

遊戯室の暖房も温風を床内部に吹き出し、ペリメーター部で吹き出すようにしているが、遊戯室は2層分の天井高さになっている。天井面と床面の温度分布を均一にするよう、天井面に埋込型の小型の天井ファンを設置した。現在は床吹出暖房の効果で天井ファンを用いる必要がなく、夏期の使用のみに役割が移っている。

3 ── 雪を断熱材として積雪させる

秋田は雪の多い地域である。そのため冬期の雪処理には大変な労力が必要となる。本建築ではRC造とすることで、雪を屋上に積雪させる処理をすることにした。雪は0℃以下ならば自然の断熱材となり、暖房負荷の軽減に役立つと考えた。1mの積雪を条件とすればロックウール100mmと同じ熱抵抗値となる。RC造ではこの程度の荷重なら容易に処理でき一石二鳥となる。

4 ── 雨水立て樋は室内に設置

屋上の雨水は立て樋にて屋外に排水する。この地は寒冷地で積雪もあるため、立て樋は室内に通すことで、雨水排水を円滑に行うようにしている。寒冷地では凍結防止のため防凍ヒーターを立て樋の中に入れるが、内樋とすることで、省エネルギーとなり、また熱の有効利用にもなる。

5 ── 給水は受水槽方式

幼稚園の給水は直結給水方式がほとんどである。この幼稚園でも直結給水方式として計画をしていたが、市の水道局との打合せで、受水槽を設置するように指導を受けた。

受水槽設置による弊害を水道局のスタッフに説明し、直結給水方式を採用できるように依頼しても、規則であるとの返事のままであった。そのため、給水は受水槽を設け圧力給水方式を採用することとなった。しばしば、地方では上下水道事業者と衝突することがある。適正な理由によらず規則だからという考えで、計画が変更させられることが多い。理にかなわない理由がそこに存在している。

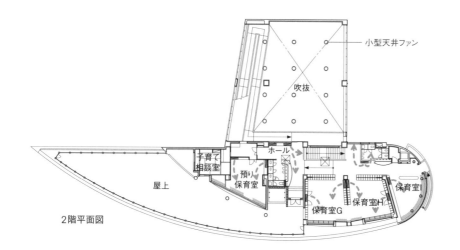

2階平面図

小型天井ファン
吹抜
子育て相談室
預り保育室
ホール
保育室I
保育室H
保育室G
屋上

保育室の空間を囲う棚上にも空調スリットを設ける

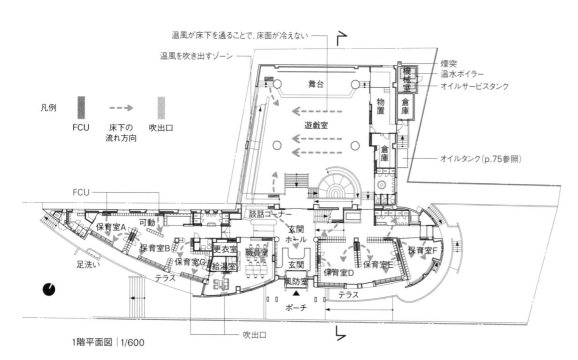

温風が床下を通ることで、床面が冷えない
温風を吹き出すゾーン
煙突
温水ボイラー
オイルサービスタンク
機械室
舞台
物置
倉庫
遊戯室
倉庫
オイルタンク（p.75参照）

凡例
FCU
床下の流れ方向
吹出口

FCU
保育室A
可動
談話コーナー
玄関ホール
保育室B
更衣室
職員室
給湯室
玄関
足洗い
保育室C
テラス
風防室
保育室D
保育室E
保育室F
ポーチ
テラス
吹出口

1階平面図｜1/600

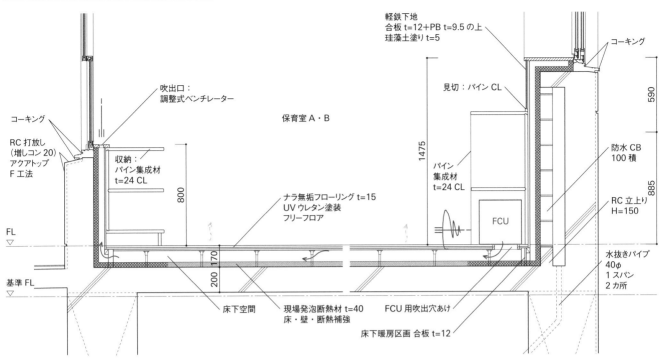

コーキング
RC 打放し
（増しコン 20）
アクアトップ
F 工法

吹出口：
調整式ベンチレーター

収納：
パイン集成材
t=24 CL

800

保育室 A・B

軽鉄下地
合板 t=12＋PB t=9.5 の上
珪藻土塗り t=5

見切：パイン CL

コーキング

590

パイン
集成材
t=24 CL

1475

FCU

防水 CB
100 積

RC 立上り
H=150

885

FL

基準 FL

200 170

ナラ無垢フローリング t=15
UV ウレタン塗装
フリーフロア

床下空間

現場発泡断熱材 t=40
床・壁・断熱補強

FCU 用吹出穴あけ

床下暖房区画 合板 t=12

水抜きパイプ
40φ
1 スパン
2 カ所

保育室床吹出空調断面図｜1/30

＊本事例は窓台よりの吹出しが多いが、床下を吹出空気が流れているので床吹出空調としている。

床吹出空調のポイント

［1］空調空間と空調機ゾーニング
A、B、C、D室ごとに空調を行うとき、A−D室用の空調機を設置する。A−D室用の空調機は、A−D室の空気を吸い込んで各室に送風することで、空調が可能となる。

［2］空調空間と床下空調部を合わせる
床下空調方式を行うときは、床下空調部も空調空間と合わせる。そのため、A−D室用空調機はA−D室の熱負荷とA−D室床下空間の熱負荷を合わせた分を賄う必要がある。

［3］床下空間をゾーニングに合わせ区分する
床下空間は狭い範囲となるが、空調機ゾーニングに合わせ、床下空間を仕切り、空気の漏れがないようにする。

［4］空調機は自由に設置できる
上記1−3が区画されていれば、空調機を天井に設置することも、空調機を床上、床下に設置することも可能となる。

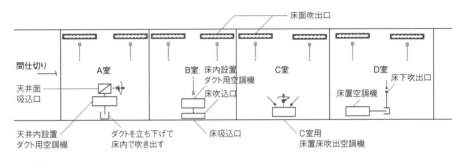

平面図

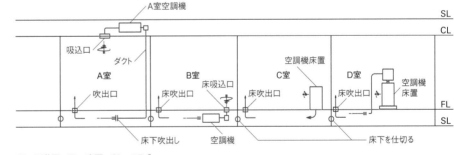

CL：天井面、FL：床面、SL：スラブ

床吹出空調の考え方

オイルタンクは、ボイラーの燃料として重油や灯油を用いるとき、燃料貯蔵タンクとして用いる。建物内に設置したり、地中に埋設したりする。

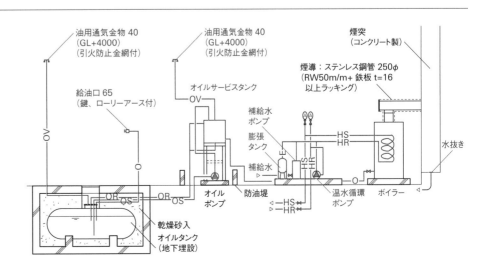

オイルタンクまわり系統図

近隣小学校との統合に伴って、老朽化していた校舎の耐震改修を含めた大規模の改修および増築(新築)がなされた小学校である。

全体計画の大きな特徴としては、既存校舎の耐震診断を行い、建築基準法に基づく改修再生が

可能な部分(全計画校舎棟の1/4程度)を残し、他の部分は建替えを行っている。

下図の断面図は既存校舎(RC造)の南北両側部分に新たに鉄骨造を増設した部分である。

増設手法は既存RC造部分との一体化による耐震補強がなされている。

設備計画の基本においては既存RC造の構造部(特に梁部)に対するコア抜きなどの後施工を避けながら各種配管、

ダクトなどの設置スペースを確保する方策が求められた。

工法としては、既存廊下部の天井高さを2.4m下げることで既存部と増築部の連結を可能とした。

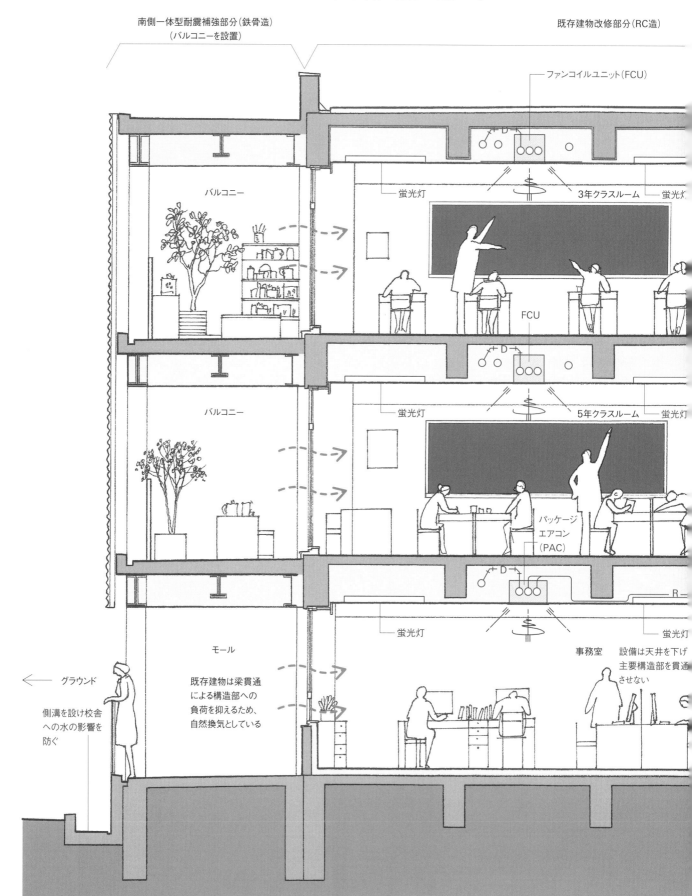

09

川崎市立御幸小学校 —— グラウンド利用型雨水調整池を設置

南側一体型耐震補強部分(鉄骨造)
(バルコニーを設置)

既存建物改修部分(RC造)

ファンコイルユニット(FCU)

バルコニー

蛍光灯　3年クラスルーム　蛍光灯

FCU

バルコニー

蛍光灯　5年クラスルーム　蛍光灯

パッケージ
エアコン
(PAC)

モール

グラウンド

既存建物は梁貫通
による構造部への
負荷を抑えるため、
自然換気としている

事務室　設備は天井を下げ
主要構造部を貫通
させない

側溝を設け校舎
への水の影響を
防ぐ

建築概要

建設場所	神奈川県川崎市
建築用途	小学校
構造・規模	RC造、地上4階
延べ面積	9849m²
意匠設計	湯澤正信建築設計研究所
設備設計	泉設備設計、平本設備コンサルタント、ZO設計室
竣工年	2009年

設備概要

給水設備	圧力給水方式
給湯設備	局所給湯方式
衛生器具設備	ロータンク方式
排水通気設備	重力排水、ループ通気方式
ガス設備	都市ガス
空調換気設備	管理部／空冷ヒートポンプパッケージエアコン方式、教室部／ファンコイルユニット方式
換気設備	全熱交換換気方式
受電設備	高圧受電方式
動力設備	空調機、エレベーター、ポンプ用
電灯設備	電灯コンセント
弱電設備	TEL.、TV、LAN、放送
防災設備	自動火災報知設備、屋内消火栓設備

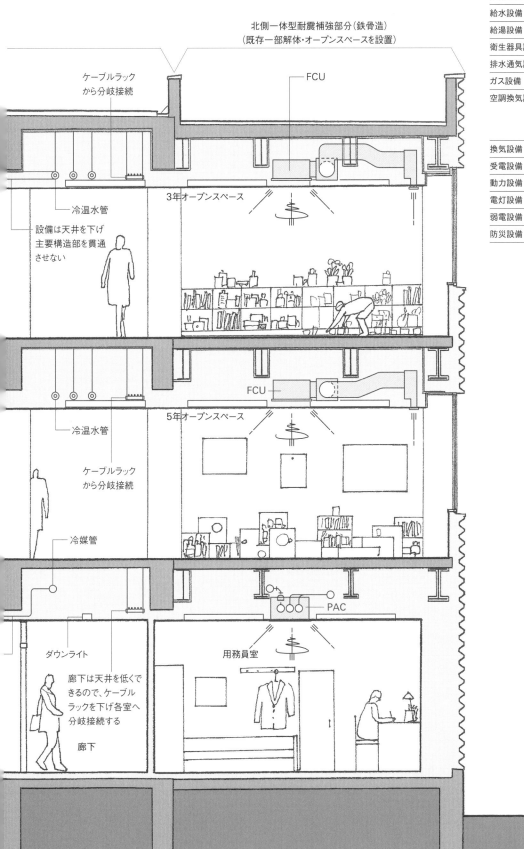

北側一体型耐震補強部分（鉄骨造）
（既存一部解体・オープンスペースを設置）

ケーブルラック
から分岐接続

FCU

冷温水管

設備は天井を下げ
主要構造部を貫通
させない

3年オープンスペース

冷温水管

ケーブルラック
から分岐接続

FCU

5年オープンスペース

冷媒管

PAC

ダウンライト

用務員室

廊下は天井を低くで
きるので、ケーブル
ラックを下げ各室へ
分岐接続する

廊下

1 ——— 冷暖房完備の学校

川崎市内にあるこの小学校は、既存建物を利用した増築という名の新築である。都市部の学校らしく、空調はクラスルームも含め管理部も実施している。オープンスペースはヒートポンプチラーを用いたファンコイルユニット方式である。クラスルームと事務室はパッケージエアコン方式となっている。

2 ——— 雨水流出抑制

都市は舗装部が多く、都市洪水を防ぐために雨水の流出抑制の基準を設けるところが多くなった。この小学校も同様である。雨水の流出抑制にはグラウンドを使うことにした。流出抑制に必要な貯水量をグラウンドで確保し、オリフィスにて流出量を抑制した。このため、グラウンドは一時的に貯留できるように囲われ、かつ全体より低く設定されている。

3 ——— グラウンド散水

グラウンドは冬期乾燥によって土埃が舞い上がる。これを防止するためグラウンド散水を行えるようになっている。操作は教職員が行うことを原則にしているため、固定式の放水銃を使っている。散水ポンプのスイッチをオンにすることで、放水銃が格納箱から飛び出て使用することができる。

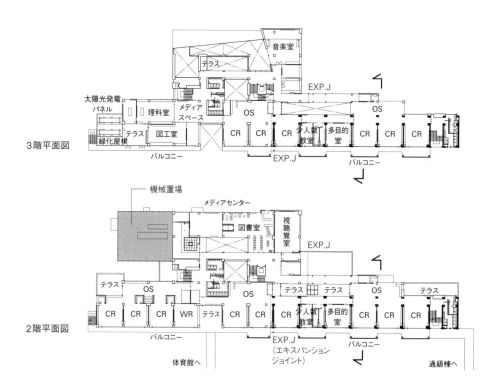

3階平面図

2階平面図

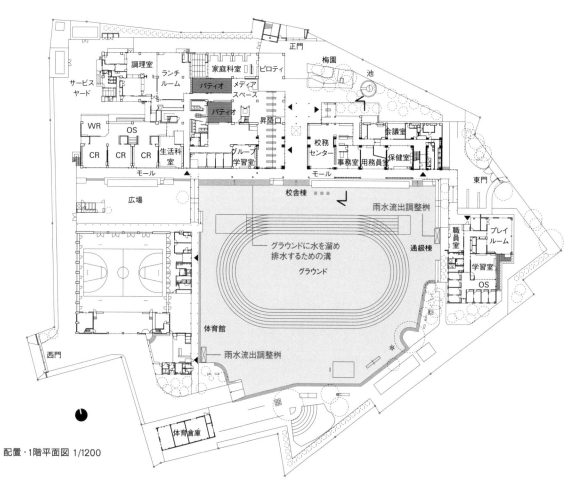

配置・1階平面図 1/1200

4 ── メディアセンターを中心にした情報化

コンピューター教育は小学校でも不可欠となっている。これまでの特別教室と同じように使われる必要もある。そのためメディアセンターを整備している。弱電設備を併設することで機能のサポートを行うためLANの構築も実施された。これは当時、小学校での新しい動向といえる。

5 ── 電気容量は大きい

これまでの公立の小学校は空調設備を設けることが少なかった。近年は、猛暑や気候の変化により空調設備を設けることが前提となっている。以前の電気設備容量は小さかったが、今回は空調用電気容量として75 VA/m³の容量が付加されることになった。全体としては500 kVAのトランスに匹敵するようになり、以前の小学校と比較すると電気容量が相当大きくなったといえる。

南側外観。既存棟（右側）と増築棟（左側）は同一仕上げとなって一体化している

グラウンド散水はスプリンクラーと散水栓で対応している。スプリンクラーをグラウンドの４カ所に設け、半径35ｍの散水で全体を包含する。グラウンド中央部は散水半径でカバーできないため、中央部に散水栓を設置してある。散水用ポンプは校舎に設置し、散水時に運転して用いる

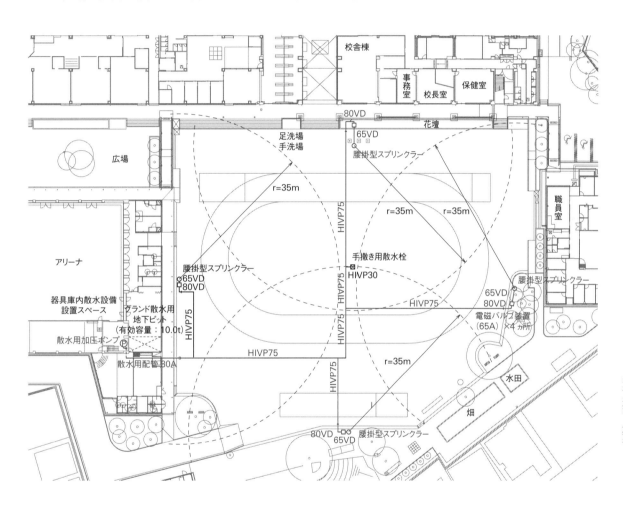

グラウンド平面図
（ノンスケール）

広大な敷地に建築物を設置すると、雨水の流出量が多くなり下流地への洪水が懸念される。洪水防止のため、雨水流出抑制を行政側から要求されることがある。本事例でも雨水の流出抑制が必要となり、グラウンドに雨水流出調整桝を２カ所に設置した。雨水量が多くなれば雨水がグラウンドに溜まることになる。グラウンドに水深190 mm以上雨水が溜まるとオーバーフローして流出される。このため雨水流出調整桝は２重構造となる。雨水流出調整桝にオリフィスは設けられ流出量が調整される。

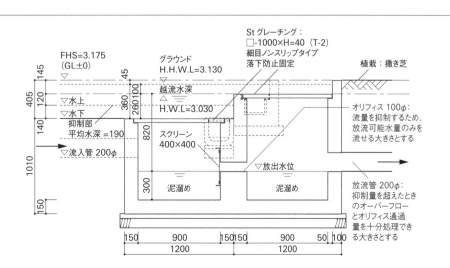

雨水流出調整桝断面図 | 1/20

浅草の老舗飲食店が軒を連ねる場所にあるイタリアンレストランである。1階に客席と厨房を計画し、

客席から厨房のピザ窯が見える計画とし、2階はゆったりとした店内でバンケットルームを配置、3階は店の事務室となっている。

狭小地にRC造で計画されたこの飲食店は、1階にピザ窯と厨房を設けることを優先し、主要な設備は露出型屋外設置となっている。

主要機器類を屋上に設置することで狭小な室内スペースは最大限有効に利用することができる。

厨房用給気口は屋上に納められないため、給気を1階外壁より直接取り入れ、排気ダクトを屋上まで導き排気している。

厨房のあるレストランでは、換気量、排水、給湯等の設備計画が特に重要である。

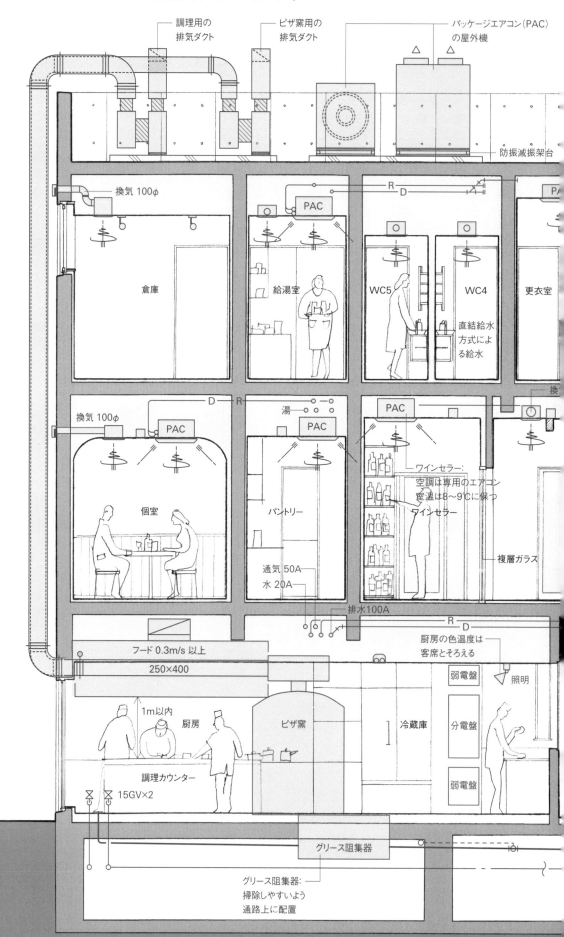

断面図 |1/60

建築概要

建築場所	東京都台東区
建築用途	飲食店
構造・規模	RC造、地上3階
延べ面積	274.5m²
意匠設計	スタジオ4設計
設備設計	ZO設計室
竣工年	2011年

設備概要

給水設備	直結給水方式
給湯設備	局所給湯方式
衛生器具設備	フラッシュ弁内蔵便器
排水通気設備	重力排水、ループ通気方式
ガス設備	都市ガス
空調設備	空冷ヒートポンプパッケージエアコン方式
換気設備	第1種換気方式

受電設備	低圧受電方式
動力設備	空調機、送風機用
電灯設備	電灯コンセント、厨房機器類
弱電設備	TEL、TV、LAN、放送、インターホン
防災設備	自動火災報知設備

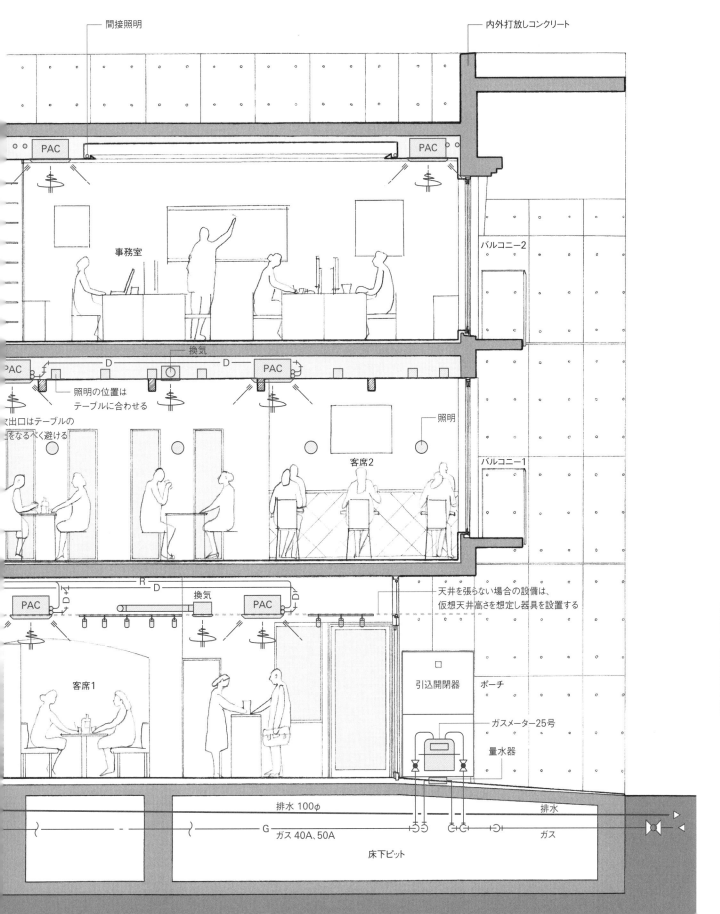

1 ── 厨房の換気と排気

厨房にはピザ窯とガス厨房器具が設置されている。窯には薪がくべられ、赤々と燃えている。そのほかにもコンロやオーブン等でガスが燃焼している。火を使用する厨房の換気は法定以上の換気量を確保し、その量は換気回数で50回/h近くなる。客室とは空間的につながっているため、客室へ厨房の臭いが広がらないように、エアーバランスとしては1000m³/hの空気が客室から厨房へ流れるようになっている。このエアーバランスを確保するため厨房の排気量ばかりでなく給気量も重要な関係値を確保することになる。

2 ── 厨房用給排気ファンは各2台

厨房の排気系統が2系統あるため、給気ファンも2台設置し、給排気ファンを各々2台連動運転としている。主にピザ窯がアイドリング運転となってから使用するため、1セットの給排気ファン運転となる。そして、ガス厨房器具が使用される頃からもう1セットの給排気ファンが運転となる。給気ファンは有圧換気扇が2台、厨房内壁面に設けられ、各々が連動で運転されることで、厨房内エアーバランスがわずかに負圧で確保されている。

3 ── 厨房排気は屋上で

厨房は1階にある。都市部は隣接した空地がないため、排気ダクトは屋上まで立ち上げ排気することで、排気臭対策を行っている。厨房排気は、稀に洋菓子店やパン屋で、いい臭いだから、屋上まで立ち上げる必要はないといわれることもあるが、それも毎日では近所迷惑である。やはり最上階で排気するのが配慮である。

4 ── 客室の空調吹出しは気流に注意する

厨房からの料理は完成したらすぐに客室のテーブルに運ばれる。客は料理の見栄え、香り、味、食感を楽しむ。熱い料理は熱いうちに、冷たい料理は冷たいうちに届ける。一方、客室は空調されていて、快適な室温に保たれている。テーブルに空調吹出しの気流が当たっていると、運ばれた料理の香りや温度は、気流によって拡散してしまう。特にピザ窯から出されたチーズの踊るようなハジケは一気に鎮められてしまう。レストラン客室空調吹出口の配置や空調方式には注意が必要である。

5 ── 店内照明は演色性を重視し白熱灯を採用

設計当時、LED照明器具は、品揃えは整っていたが、費用的には白熱灯に比べると高く、一気にLED照明採用とはならなかった。また、費用だけではなく、レストランでの照明計画による演色性については、まだ納得がいくものではない。そのため店内客室照明器具の多くは白熱灯を利用した照明計画とした。ヨーロッパのレストランで、暗い室内の照明はランプを使っている店が多いのは、このような理由からかもしれないと考えている。なお、現在はLEDも十分に演色性を合わせることが可能となった。

6 ── ワインセラーは中温用エアコンで

2階パントリー横に造付けのワインセラーがある。温度管理上は既製品の方が効果的であるが、収納数を多くしたい場合は、造付けとなる。製作費を安価にするため、十分な断熱をしたうえで、中温用エアコンで温度確保をする。ただし、温度帯としては12−18℃間での運転となる。他のレストランやワインショップで見かけるワインセラーも温度管理は一元的で、同一空間に赤ワインも白ワインも入っている。赤ワインは18℃前後、白ワインは7℃前後の貯蔵が良いといわれる。

7 ── グリース阻集器は5日分

グリース阻集器は排水中に含まれる油分を取り除く目的がある。グリース阻集器の容量は、清掃回数で決定する。一般的には5日から1週間分を容量とする。上級なレストランほどその頻度は高くでき、容量を少なくできるが、本事例の出店はテナントであったため、将来を考えて一般的な5日分とした。右ページの表にグリース阻集器の種類と特徴を示す。

8 ── 給水は直結給水方式

3階建てであり、給水は直結給水方式を採用している。給水本管圧力の調査を水道局に依頼し、本管圧力が0.3MPaであることを確認している。メリットは大きく、受水槽設置スペースや給水ポンプ設置スペースをなくせる。また、給水圧力をそのまま利用でき省エネルギーである。もっとも重要なことは安全な水の供給が可能となる点にある。

9 ── 受電は低圧地中引込み

前面道路は電線地中化地区である。建物での

1階平面図｜1/200

2階平面図

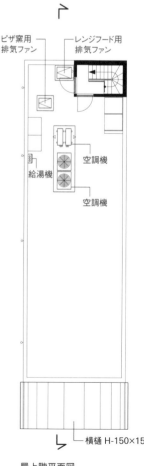

3階平面図

屋上階平面図

電気設備容量は低圧2条（49kVA以下×2条）の引込みが可能なため、高圧受電とせずに済んでいる。これは東京電力供給エリアに限定された引込み方法で、他の電力会社供給地域では高圧受電となる。都心でのメリットは大きく、敷地の有効利用が可能で、維持管理費の軽減に役立っている。

厨房内部。
右下にグリース阻集器の蓋が見える

グリース阻集器の設置タイプ（参考）

	地中埋設型	スラブ吊下げ型（本事例）	備考
特徴	地中に本体を埋設することで、屋外で維持管理を行う。本体に底盤コンクリートや側壁を設け保護する。	スラブを貫通し、本体をスラブより吊り下げて設置する。側溝タイプとしたときは、防水処理を十分に行う。	雪国等では地中埋設型として屋外設置はメンテナンスが困難となる。
流入	汚水の流入は、側溝や配管で対応する。	同左　配管タイプは、側溝タイプよりグリース阻集器底までが深くなる。	厨房の床仕上げがドライタイプでは、配管流入となる。
流出	放流は配管となる。	同左	—
点検口	マンホール蓋	マンホール蓋	点検口は重くならない範囲で分割させる。
材質	コンクリート製、FRP製、SUS製、鋼板製	同左　ただし防火区画を貫通する場合は、耐火被覆対策を行う。	

厨房用排気フードについて

厨房用排気フードは厨房器具で火を使う箇所に設置する。排気フードの排気量は、ガス消費量と排気方式によって、法令上の換気計算が示されている。しかし、適正換気量は、フード面風速を0.3m/sから0.35m/sで求めるとよい。排気フードとコンロ上端距離は1.0m以内が良いとされる。その関係から厨房天井高さは、2700mmくらいが上限といえる。また、これまでは厨房用換気はフード排気のみとしていたが、天井面でもフード排気量の1/10を排気することが、厨房の温熱環境上好ましいといえる。

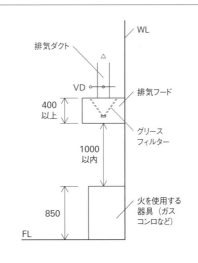

ガステーブルとフードの距離

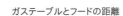

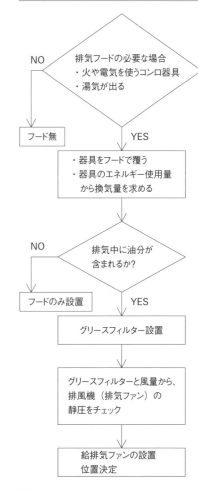

排気フード設置の考え方

フードの位置と器具のスペックから求めた必要換気量とフード寸法

記号	器具名	ガス消費量（kW）	必要換気量 V=30KQ（m³/h）	フード寸法（外形）SUS製	面風速（m/s）	決定換気量（m³/h）	グリースフィルターバッフル型
A	フライヤー	7.1	2112.03	3200×800×600H	0.35	3600	500□×4セット
	ハイパーケトル	17.4					
	ガスコンロ	51.2					
	マルチクラッカー	—					
B	食器洗浄機	—	—	600×700×600H	0.35	600	—
C	ピザ窯	薪消費量（kg/h）5.0	1326	1000×1000×600H	0.35	1500	水フィルターW800×L600

＊1 排気ダクトはRW 50m/m巻とする。｜＊2 理論排ガス量K：都市ガス0.93 m³/kW、薪8.84 m³/kgとする。

ウェルネスコンプレックスレテ——シャワー室、浴室が充実した健康施設

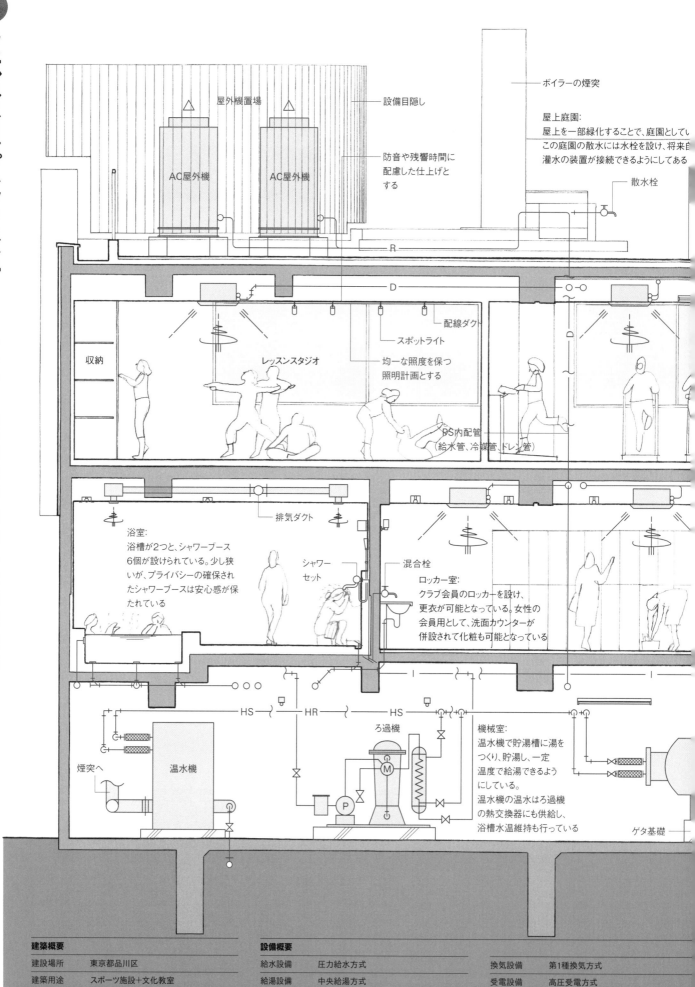

屋外機置場

設備目隠し

AC屋外機

AC屋外機

防音や残響時間に
配慮した仕上げと
する

ボイラーの煙突

屋上庭園:
屋上を一部緑化することで、庭園としてい
この庭園の散水には水栓を設け、将来自
灌水の装置が接続できるようにしてある

散水栓

R

D

収納

レッスンスタジオ

配線ダクト

スポットライト

均一な照度を保つ
照明計画とする

PS内配管
(給水管、冷媒管、ドレン管)

排気ダクト

浴室:
浴槽が2つと、シャワーブース
6個が設けられている。少し狭
いが、プライバシーの確保され
たシャワーブースは安心感が保
たれている

シャワー
セット

混合栓

ロッカー室:
クラブ会員のロッカーを設け、
更衣が可能となっている。女性の
会員用として、洗面カウンターが
併設されて化粧も可能となっている

I

I

HS

HR

HS

ろ過機

機械室:
温水機で貯湯槽に湯を
つくり、貯湯し、一定
温度で給湯できるよう
にしている。
温水機の温水はろ過機
の熱交換器にも供給し、
浴槽水温維持も行っている

煙突へ

温水機

ゲタ基礎

建築概要	
建設場所	東京都品川区
建築用途	スポーツ施設＋文化教室
構造・規模	RC造、地下1階地上3階
延べ面積	823.19 m²
意匠設計	シーズ・アーキスタディオ
設備設計	ZO設計室
竣工年	2009年

設備概要				
給水設備	圧力給水方式	換気設備	第1種換気方式
給湯設備	中央給湯方式	受電設備	高圧受電方式
衛生器具設備	フラッシュ弁内蔵便器	動力設備	空調機、エレベーター、ポンプ用
排水通気設備	重力排水、ループ通気、機械排水方式	電灯設備	電灯コンセント
ガス設備	都市ガス	弱電設備	TEL、TV、LAN、インターホン
空調換気設備	空冷ヒートポンプパッケージエアコン方式	防災設備	自動火災報知設備

スポーツ施設に料理教室等を併設した複合施設である。敷地は住居系の用途地域にあり、健康を主眼とした施設として
近隣環境をより良く形成していく役割も担っている。西面にあるテニスコートに隣接した南北にゆるやかに傾斜した細長い敷地に合わせた
3階建て、RC造の建物である。中央の階段室にて半階ずつスキップさせて南北にゾーン分けしてある。北棟には屋外テニスコートと
連携して1階のラウンジを通り地階の更衣室、シャワールーム、洗面室等と連なっている。3階部分には料理教室等のセミナールームが
ありその階から半階上がった南棟の屋上庭園へと連なっている。南棟には3階にマシンジムを中心としたフィットネススタジオがあり、
その下階にラウンジ、ロッカールームおよび大浴室を配している。1階には駐車場とこの建物の心臓部でもある大浴室への
セントラル給湯設備のための機械室が設置され、さらにその地下階には受水槽室が設置されている。南棟の屋上には芝生を
中心とした屋上庭園があり屋外でのリラックススペースとなっている。屋上の一角に空調の屋外機をまとめて設置し、
その周囲にR型にデザインされた目隠しルーバーを施し、屋外機からの不快な空気の流れや騒音を減衰して良好な屋上環境を保持している。

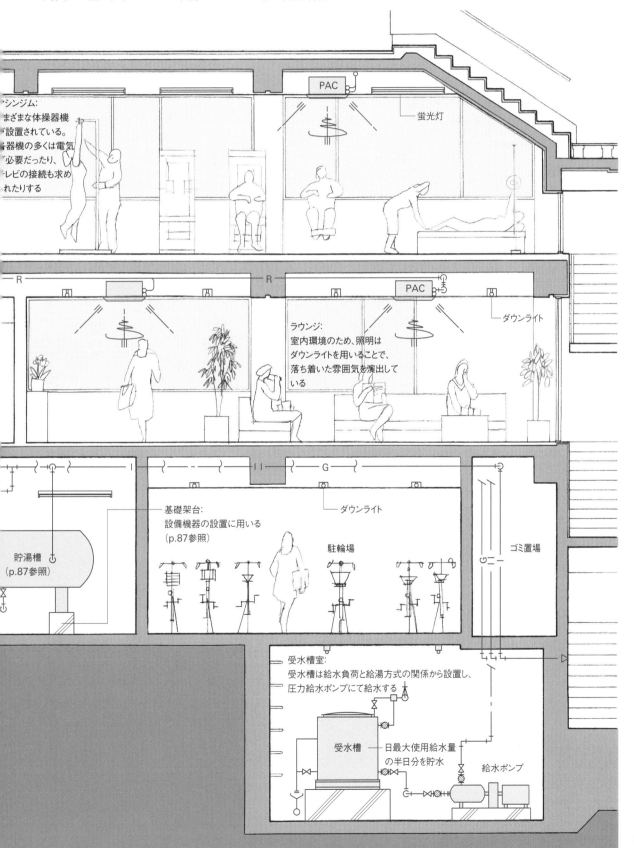

マシンジム:
まざまな体操器機
設置されている。
器機の多くは電気
必要だったり、
レビの接続も求め
れたりする

PAC

蛍光灯

R

PAC

ダウンライト

ラウンジ:
室内環境のため、照明は
ダウンライトを用いることで、
落ち着いた雰囲気を演出して
いる

I

II

G

ダウンライト

基礎架台:
設備機器の設置に用いる
(p.87参照)

駐輪場

ゴミ置場

貯湯槽
(p.87参照)

受水槽室:
受水槽は給水負荷と給湯方式の関係から設置し、
圧力給水ポンプにて給水する

受水槽

日最大使用給水量
の半日分を貯水

給水ポンプ

さまざまなサービスを提供する建築

1 ── 動と静、防音と残響

いろいろなアスレチックマシン相手に汗を流す。リズムや音に合わせて体を動かす。流した汗を洗い流したり、身づくろいしたりするために静かな空間もある。動と静が混在しているため十分な防音処理が必要である。また、アスレチックの動きや、機器類のため、硬質な仕上げとする場合があるが、室内容積の大きな建築では残響時間も長くなり、使用上好ましくない。床、壁、天井の仕上材は吸音性の高い材料を使用する。インストラクターの話を明瞭に伝えることにもつながる。

2 ── 空間の潜熱負荷に注意

激しい運動をする室内の冷房負荷を計算するときは運動による潜熱負荷が大きいため顕熱比が小さくなり、なかなか設定温度にならないので、潜熱負荷を考慮する。特に、プール室での換気上の熱交換換気は全熱交換でなく顕熱交換とすべきである。

3 ── 影をつくらない照明計画

人の目は明るさには順応が早いが暗いところでは反応が遅れる性質がある（明順応、暗順応という）。これにより、暗い場所では動きが遅く見えるという現象が起こるため、運動空間では影をつくらない均一な照明計画が肝要である。具体的には、面や線で光源を配置するのがよい。

4 ── プール室内は防水、耐塩仕様

プール室内には多くの設備器具が設置されるが、プール水消毒に含まれる次亜塩素酸ソーダの塩素分が蒸発して、器具の耐用年数を短くする。天井や壁に設けられる照明器具、スピーカー、感知器、吹出口や吸込口等は防水、耐塩仕様にする。また、器具を天井に設置したとき天井開口部と器具の隙間をシールし、プール室の空気が天井裏に入らないようにする。

5 ── 入浴、シャワーは快適、衛生的に

運動後は、入浴やシャワーで汗を流し身体をリラックスさせる。入浴やシャワーには、筋肉の緊張を取り除いたり、疲労を回復させたりする効果がある。一般にシャワーの吐水圧力は70kPa以上とされるが、フィットネスクラブではマッサージ効果を考慮し、100kPa以上を確保する。また、入浴では適温を確保し、水質の維持管理を心が

ける。特にレジオネラ症防止対策は十分に講ずる必要がある。

6 ── 浴槽ごとにろ過系統を分ける

浴槽の維持管理の基本は、ろ過系統の分離、独立である。フィットネスクラブなどの大規模施設になると、多種多様な浴槽がある。ろ過設備システムを合理化するために、系統を兼用する考え方もあるが、水質管理上の手法としては浴槽ごとにろ過系統を分けた設備システムを構築する。図に、浴槽の加熱、給湯、ろ過循環システムの考え方を示す。

7 ── 給湯用熱源の省エネルギー

フィットネスクラブには、健康管理のために来場する客が多いので、そうした顧客に向けて、環境負荷の軽減や省エネルギーを考えた施設づくりと運営も必要である。こうした施設は、給湯エネルギー使用やCO_2の発生が多い。将来的には環境への負荷の小さい給湯用熱源、すなわち自然エネルギー、高効率ヒートポンプ、バイオマスエネルギー利用を推し進めた設計や運営が望ましい。

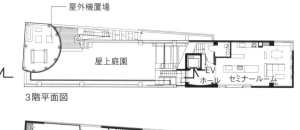

3階平面図

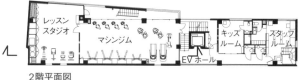

2階平面図

1階平面図

地階平面図｜1/500

建物は中央で南北に分けられて、かつ階高レベルも半階分差が生じているが、建築設備（給水、給湯、電気、弱電）は、一体として関係付ける必要がある。そのため主要PS、EPSを北側と南側に設置し、両側を結ぶためにピットを経由している。上下方向はPS、EPSを用い、平面上は各階天井内を利用するのが一般的であるが、北側と南側での階差の解消に、最下ピットを用いている。

浴槽

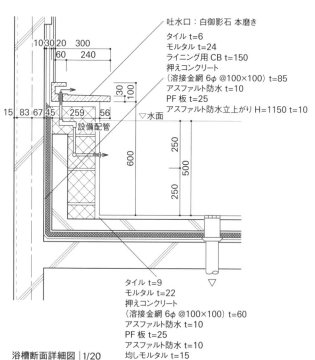

浴槽断面詳細図｜1/20

温水機を設定して、ろ過機の加熱、貯湯槽の加熱を行う

① 温水機には都市ガスが供給され、燃焼することで温水をつくり、温水循環ポンプにて、ろ過機の熱交換器と貯湯槽内熱交換器を循環する。

② 浴槽温度センサーと貯湯槽温度センサーで、各々の設定温度が得られるように合流3方弁を制御して、設定温度をつくる。

温水機本体にも温度センサーがあり、設定温度を維持するようにガスの燃焼をバーナーでコントロールする。

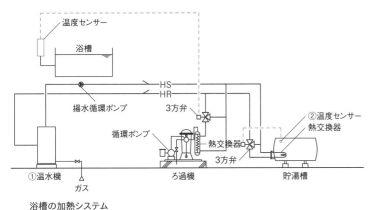

浴槽の加熱システム

貯湯槽の湯をシャワー、ミキシングバルブへ給湯する

① シャワー、ミキシングバルブで、湯が必要となればすぐに供給されるように、給湯循環ポンプで熱い湯が出るようにスタンバイしている。

② 給湯された湯と同量の水が貯湯槽に供給される。この補給水によって、給湯水量と水圧が確保されることになる。

給湯が循環システムのため、補給水はクロスコネクションを防止する目的で、受水槽からの給水としている。

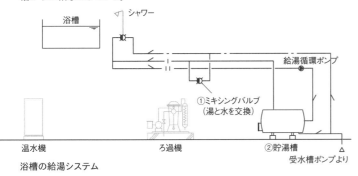

浴槽の給湯システム

浴室内の水質を一定に保つためろ過機を設置

① 浴槽内の湯は、ろ過機との間を循環し、水質を保っている。

② ろ過機の入口は浴槽からの湯に含まれる髪の毛を除くため、ヘアーキャッチャーが設けられる。

③ 循環ポンプはろ過機と浴槽間の循環と、ろ過の圧力損失を満足させる。

④ 熱交換器は、浴槽内湯温を一定に保つために湯を加熱する。

⑤ 水位計で浴槽の水位を計量し水位が下がったら、ミキシングバルブで設定した湯を2方弁を開閉して補給し、湯槽水位を一定に保つ。

⑥ 浴槽内吹出口は、ろ過機よりの湯を浴槽に吹き出す。その一部を滝口から流すこともある。

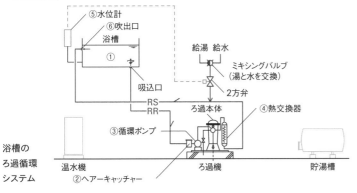

浴槽のろ過循環システム

ベタ基礎

主に地上、屋上などに設置する設備機器用コンクリート基礎。比較的軽量な、空調屋外機などの基礎として用いる。

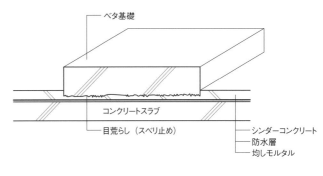

ゲタ基礎

下駄の歯のようにコンクリート基礎を2つ以上設け、上に機器を設置する。図示のゲタ基礎は躯体とは別になっている。比較的軽い機器用である。

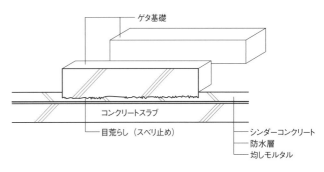

独立基礎

基礎部分は、土中に十分根入れされたり、コンクリート躯体と一体となって形成されたりしているため、構造耐力上、十分な荷重に耐えられる。キュービクル、水槽などの重量物に用いられる。

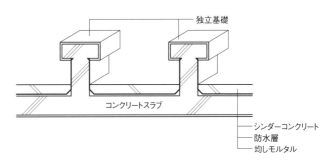

基礎と架台

基礎と設備機器の間に架台が必要となる。架台は設備機器の取付金物と緊結することで、基礎に平均的に荷重が掛かるようにする。また、機器の振動を建物躯体に伝えないように防振を施したり、建物が地震を受けたとき、設備機器に地震被害を伝えないため減振を行うこともできる。

郊外型のパチンコ店──外周部に遮音、外気へのバッファーゾーンを設置

典型的な郊外型のパチンコ店であり、建物自体は大型の目立ちやすい形状が求められている。

建物本体の主要な部分のパチンコフロアは天井の高い平屋建てであり、天井高さは5－8mとなっている。

これは最大800人規模の利用者が比較的長時間密閉された空間に滞在するという店舗の性格上、

空気環境をより自然空気環境に近づけるべく気積をできるだけ大きく確保するためでもある。

この結果において、特に冷房による利用者の足元への冷気の流れを弱める効果が発揮されている。

この建物は天井の高い中央の店舗部分を囲うように4周囲を2階建てとして外部に対してのバッファーゾーンを形成している。

これは外部への騒音の流出、そして外気が内部へ及ぼす熱的な影響を防ぐ役割を担っている。

その1階部は主として事務室などのバックアップゾーンを設け、2階部は空調機置場とし、

さらにその外周部に6mの騒音防止のための壁を立ち上げている。

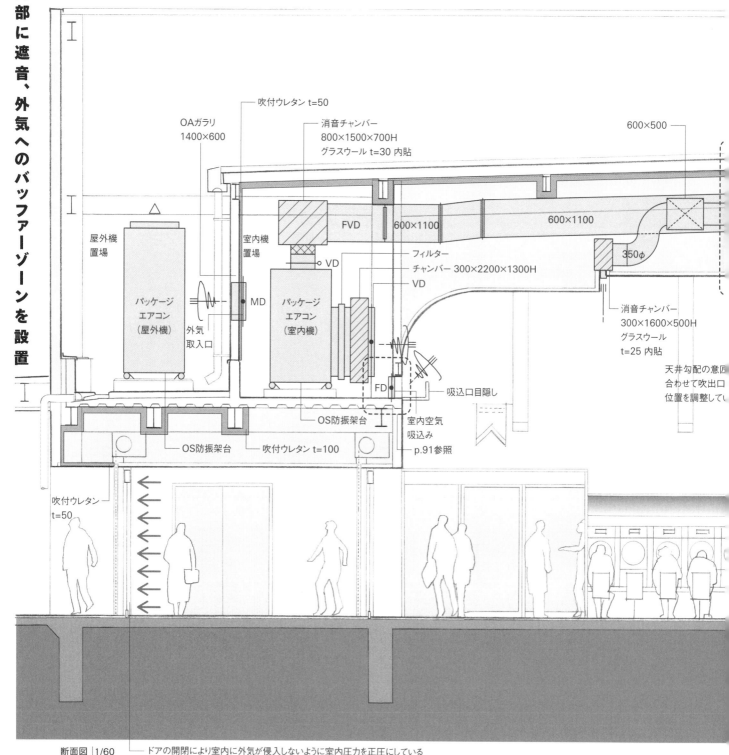

吹付ウレタン t=50

OAガラリ
1400×600

消音チャンバー
800×1500×700H
グラスウール t=30 内貼

600×500

屋外機
置場

室内機
置場

FVD

600×1100

600×1100

350φ

VD

フィルター
チャンバー 300×2200×1300H

VD

パッケージ
エアコン
（屋外機）

外気
取入口

MD

パッケージ
エアコン
（室内機）

消音チャンバー
300×1600×500H
グラスウール
t=25 内貼

天井勾配の意匠
合わせて吹出口
位置を調整してい

FD

吸込口目隠し

OS防振架台

室内空気
吸込み

OS防振架台

吹付ウレタン t=100

p.91参照

吹付ウレタン
t=50

断面図｜1/60

ドアの開閉により室内に外気が侵入しないように室内圧力を正圧にしている

建築概要

建設場所	群馬県
建築用途	遊技場
構造・規模	鉄骨造、地上2階
延べ面積	2935m²
設備設計	ZO設計室
竣工年	2008年

設備概要

給水設備	直結給水方式
給湯設備	局所給湯方式
衛生器具設備	フラッシュ弁内蔵便器
排水通気設備	重力排水、ループ通気方式
ガス設備	LPガス
空調設備	空冷ヒートポンプパッケージエアコン方式

換気設備	第1種換気方式
受電設備	高圧受電方式
動力設備	空調機、送風機用
電灯設備	電灯コンセント
弱電設備	TEL、TV、LAN、放送
防災設備	自動火災報知設備、屋内消火栓設備

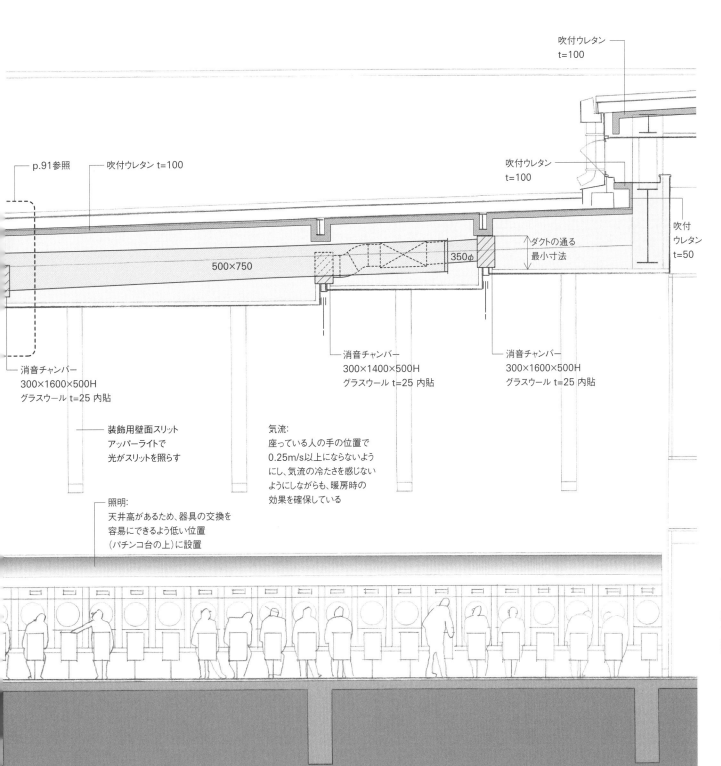

吹付ウレタン
t=100

p.91参照

吹付ウレタン t=100

吹付ウレタン
t=100

吹付
ウレタン
t=50

500×750

350φ

ダクトの通る
最小寸法

消音チャンバー
300×1600×500H
グラスウール t=25 内貼

消音チャンバー
300×1400×500H
グラスウール t=25 内貼

消音チャンバー
300×1600×500H
グラスウール t=25 内貼

装飾用壁面スリット
アッパーライトで
光がスリットを照らす

気流:
座っている人の手の位置で
0.25m/s以上にならないよう
にし、気流の冷たさを感じない
ようにしながらも、暖房時の
効果を確保している

照明:
天井高があるため、器具の交換を
容易にできるよう低い位置
(パチンコ台の上)に設置

1 —— 店内の音と外部への騒音

店内は常に音量の大きいBGMが流れ、遊戯の演出効果がはかられている。ただ、パチンコは個人プレーであり、仲間と来店してもプレー中は客間での会話は必要なくなる。そのため設備機器が発する騒音や振動は店内ではあまり問題とされない。しかし、都市部では外部に対して騒音源とならない注意が必要である。

また、店内のBGMに重ねるようにして出玉の案内、タイムサービスの紹介等案内放送が入る。そのため案内放送の音量は大きくなる。非常用の放送は自動的にBGMを遮断するカットリレーを用いて放送する。

2 —— 喫煙と換気

店舗によっては店内禁煙や、分煙するところも多くなっている。しかし、大半の店舗では喫煙率が高いため、十分な換気が求められる。一般に、

パチンコ店では1時間に平均2本の喫煙をしている調査もある。ニコチン・タールによる店内の汚れやダクト、換気・空調機器類の損傷が多い。一方、店側の換気基準を換気回数10回/hとするところでは、天井高さに関係なくその基準が推し進められ、換気過剰によるエネルギーロスも散見される。

また、室内の空気圧を高く保持するためには第1種換気として室内空気圧を正圧に設計し、外気侵入を防ぐ。店内への外気侵入は冷暖房の効果を大きく損なう。特に冬期の店内客の足元の冷えを防止するには第1種換気は有効である。

3 —— 店内気流は控えめに

客は店内の椅子に座りあまり動かない。そのとき空調気流が体に当たると不快となったり体に変調を招く。そのため店内空調気流は、手の位置で0.25m/s以上にならないよう控えめに設計した。

4 —— 冷房負荷が大きい

客1人当たりの店内面積は都市部で1.5m²/人程度、郊外のゆったりとした店舗で2.2m²/人となる。人体からの発生熱は115W/人、パチンコ台からの発生熱でも150W/台である。このため冷房負荷の多い建物となる。さらに、照明や換気負荷がこれらを押し上げることになる。オフィスビル等と比べると3−4倍の冷房負荷となる。

5 —— 店内は明るい

店内では読書が十分にできるくらいに明るい。照度は床面で800lx以上はある。さらに、光の演出を行うため演色性や輝度もさまざまである。その結果、照明用電力使用量はオフィスビルの3倍以上になっている。ただし、スロットはパチンコよりは暗め（遊技機表示を見やすくするため）の設定が多い。

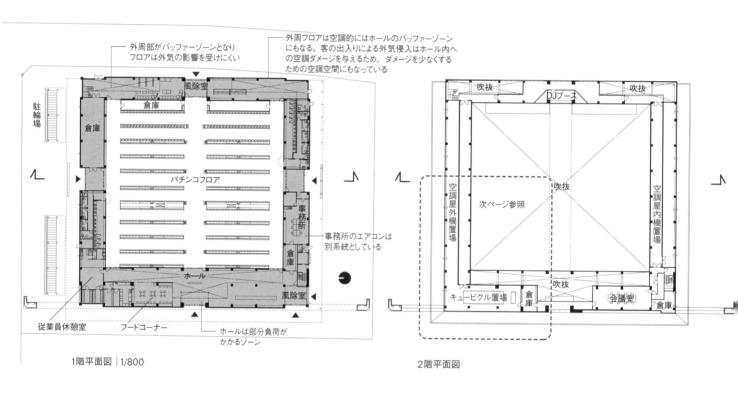

外周部がバッファーゾーンとなりフロアは外気の影響を受けにくい

外周フロアは空調的にはホールのバッファーゾーンにもなる。客の出入りによる外気侵入はホール内への空調ダメージを与えるため、ダメージを少なくするための空調空間にもなっている

駐輪場　風除室　倉庫　倉庫　パチンコフロア　事務所　事務所のエアコンは別系統としている　倉庫　ホール　風除室

従業員休憩室　フードコーナー　ホールは部分負荷がかかるゾーン

1階平面図｜1/800

吹抜　DJブース　吹抜　吹抜　空調屋外機置場　次ページ参照　空調屋内機置場　吹抜　キュービクル置場　倉庫　会議室　倉庫

2階平面図

天井に仕込んだ吹出口

上部に見えるのが空調吹出口

半透明の膜板に照明を仕込む

エントランス周辺｜外周部がバッファーゾーンとなり客席フロアは外部の影響を受けにくい

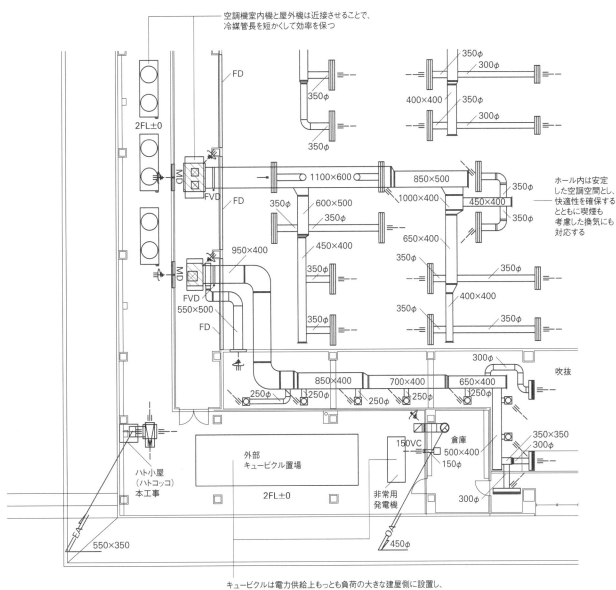

空調機室内機と屋外機は近接させることで、冷媒管長を短かくして効率を保つ

FD

2FL±0

MD
FVD

FD
MD
950×400
FVD
550×500
FD

1100×600
850×500
1000×400
350φ
600×500
450×400
350φ
350φ
450×400
650×400
350φ
350φ
350φ
350φ
350φ
400×400
350φ
350φ

350φ
300φ
350φ
300φ
400×400
350φ
350φ
350φ

ホール内は安定した空調空間とし、快適性を確保するとともに喫煙も考慮した換気にも対応する

300φ
吹抜

850×400
700×400
650×400
250φ
250φ
250φ
250φ
250φ
250φ

ハト小屋
(ハトコッコ)
本工事

外部
キュービクル置場

2FL±0

150VC

倉庫
500×400
150φ

非常用
発電機

350×350
300φ

300φ

EA
550×350

450φ

キュービクルは電力供給上もっとも負荷の大きな建屋側に設置し、かつ大きな電力を要する空調機側に寄せている。
非常用発電機もキュービクルへの電力供給を考慮し、隣りに設けている

空調計画平面図（部分）│1/200

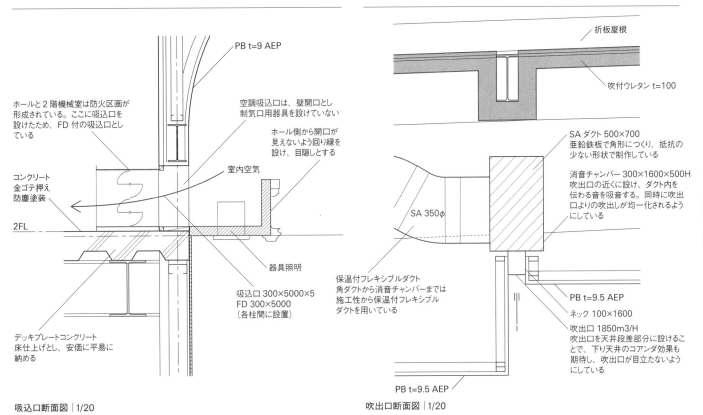

PB t=9 AEP

ホールと2階機械室は防火区画が形成されている。ここに吸込口を設けたため、FD付の吸込口としている

コンクリート
金ゴテ押え
防塵塗装

2FL

デッキプレートコンクリート
床仕上げとし、安価に平易に納める

空調吸込口は、壁開口とし制気口用器具を設けていない

ホール側から開口が見えないよう回り縁を設け、目隠しとする

室内空気

器具照明

吸込口 300×5000×5
FD 300×5000
（各柱間に設置）

吸込口断面図│1/20

折板屋根

吹付ウレタン t=100

SAダクト 500×700
亜鉛鉄板で角形につくり、抵抗の少ない形状で制作している

消音チャンバー 300×1600×500H
吹出口の近くに設け、ダクト内を伝わる音を吸音する。同時に吹出口よりの吹出しが均一化されるようにしている

SA 350φ

保温付フレキシブルダクト
角ダクトから消音チャンバーまでは施工性から保温付フレキシブルダクトを用いている

PB t=9.5 AEP

ネック 100×1600

吹出口 1850m3/H
吹出口を天井段差部分に設けることで、下り天井のコアンダ効果も期待し、吹出口が目立たないようにしている

PB t=9.5 AEP

吹出口断面図│1/20

名古屋能楽堂 —— 舞台と見所の温度差を床下でコントロール

この能楽堂は能の上演のみのための施設にとどまらず、文化的施設を複合した建物である。

能舞台を中心とした「見所」（観客席）は3層分ほどの高い天井を確保してあるが、

建築的には建物全体はRC造＋鉄骨造の2階建てとなっている。

見所の床下はピットを設けた2重のコンクリート床となっており、客席足元周辺にある温風吹出口によって、

温熱環境を安定化するための空調スペースとなっている。

見所は、静寂な環境を確保することが最重要とされるが、特に騒音を発する各種機械室、

駐車場、さらには稽古用の舞台などは地下階に設けられている。

また、劇場、コンサートホールなどの内部空間における内装材は、最適な残響時間にコントロールできることが重要である。

木質系の材料は、その点を考慮して比較的よく使われる内装材である。

日本の象徴的伝統芸能を演ずるこの能楽堂において、

木質系の内装材は、日本的雰囲気の視覚的効果をもたらす重要な内部意匠ともなっている。

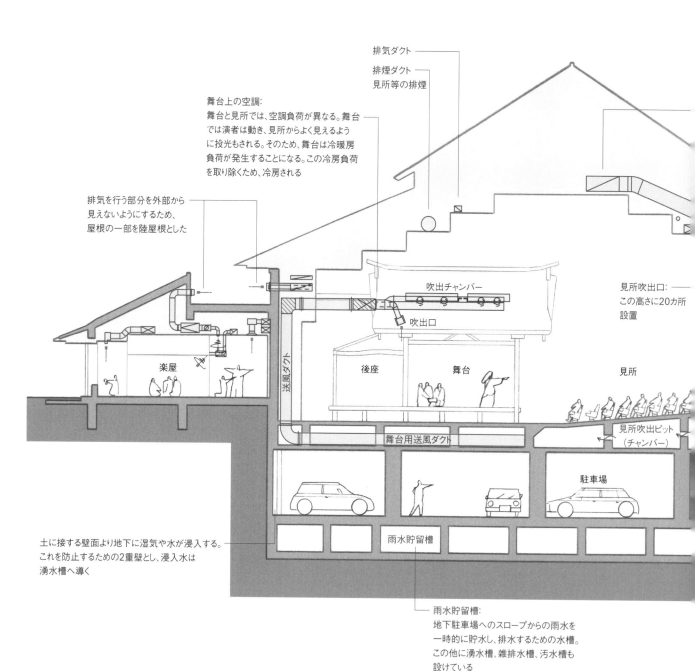

排気ダクト

排煙ダクト
見所等の排煙

舞台上の空調：
舞台と見所では、空調負荷が異なる。舞台
では演者は動き、見所からよく見えるよう
に投光もされる。そのため、舞台は冷暖房
負荷が発生することになる。この冷房負荷
を取り除くため、冷房される

排気を行う部分を外部から
見えないようにするため、
屋根の一部を陸屋根とした

吹出チャンバー

吹出口

見所吹出口：
この高さに20カ所
設置

楽屋

送風ダクト

後座　舞台

見所

舞台用送風ダクト

見所吹出ピット
（チャンバー）

駐車場

土に接する壁面より地下に湿気や水が浸入する。
これを防止するための2重壁とし、浸入水は
湧水槽へ導く

雨水貯留槽

雨水貯留槽：
地下駐車場へのスロープからの雨水を
一時的に貯水し、排水するための水槽。
この他に湧水槽、雑排水槽、汚水槽も
設けている

断面図｜1/200

建築概要

建設場所	愛知県名古屋市
建築用途	能楽堂
構造・規模	RC造＋鉄骨造、地下1階地上2階
延べ面積	5615 m²
設計	名古屋市建築局営繕部営繕課
意匠設計	大江宏建築事務所
設備設計	ZO設計室
竣工年	1997年

設備概要

給水設備	直結給水方式
給湯設備	局所給湯方式
衛生器具設備	ロータンク方式
排水通気設備	重力排水、ループ通気、機械排水方式
ガス設備	都市ガス
空調設備	単一ダクト、空冷ヒートポンプチラー方式
暖房設備	一部温風暖房方式
換気設備	第1種、第3種換気方式
受電設備	高圧受電方式
動力設備	空調機、エレベーター、ポンプ用
電灯設備	電灯コンセント
弱電設備	TEL、TV、放送、インターホン
防災設備	自動火災報知設備、スプリンクラー消火設備、CO₂消火設備

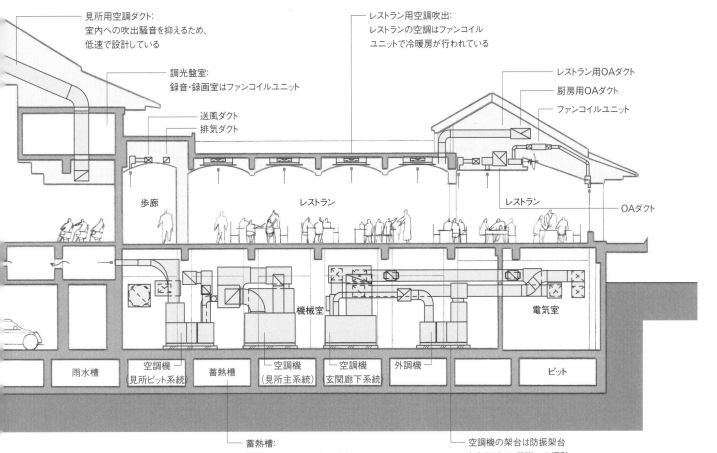

— 空調リターンダクト:
吸込口からの騒音を防止するため、低速（3m/s）でのダクトサイズとしている

— 見所用空調ダクト:
室内への吹出騒音を抑えるため、低速で設計している

調光盤室:
録音・録画室はファンコイルユニット

送風ダクト
排気ダクト

レストラン用空調吹出:
レストランの空調はファンコイルユニットで冷暖房が行われている

レストラン用OAダクト
厨房用OAダクト
ファンコイルユニット

歩廊　　レストラン

レストラン
OAダクト

機械室　　電気室

雨水槽　空調機（見所ピット系統）　蓄熱槽　空調機（見所主系統）　空調機（玄関廊下系統）　外調機　ピット

蓄熱槽:
地下ピットの一部を蓄熱水槽とすることで空調負荷を平滑化させ、ランニングコストの低減を行っている。冷温水槽を設けることで、同時冷暖房運転が可能

空調機の架台は防振架台とすることで、基礎への振動伝播を防止している

1 ―― 景観に配慮した空気熱源ヒートポンプチラー

1993年頃オゾン層を破壊するフロンを用いない冷房のため、吸収式冷凍機を用いるよう指導が出たが、煙突を用いることから、本事例においては景観への懸念があった。そのため冷温水同時取出式空気熱源ヒートポンプチラーを提案し、関係者からは反発もあったが、「名古屋城の天守閣から能楽堂の美しい屋根を見下ろしたとき、煙突が突き出て、煙が出ていたらどう思いますか？」と、問いかけることで、ようやく賛同を得た。設備においては、このように意匠的な視点からも考慮した提案をしたい。なお当時、空気熱源ヒートポンプチラーは一般化はしていたが、冷温水同時取出しは機器メーカーと相談しながらの採用となった。

2 ―― 冷温水量切換え型蓄熱槽と
空気熱源ヒートポンプチラーの併用

空調システムとしては館内使用時、冷暖房が同時に使用される。そのため熱源としては冷熱源、温熱源を同時に設ける必要があった。そこで、冷温水同時取出式空気熱源ヒートポンプチラーを用いて、蓄熱槽に冷水、温水を溜めることにした。夏は冷水主体ではあるが温水も必要。冬は温水主体だが冷水も必要。さらに、その容量を可変とする必要から、冷温水量切換え型蓄熱槽を設計した（次ページ参照）。

3 ―― 見所は夏でも足元に温風吹出し

薪能は屋外で行う本来の能であるが、屋内での能はいつしか人工照明によって、演能するようになった。舞台用照明は相当量のランプで光を演出することから、演者のために舞台では年中冷房することになる。舞台に吹き出された冷気は、舞台から落ちて見所の足元まで広がる。この冷気停滞対策として見所の舞台周辺の椅子下に温風吹出口を設けている。演目にもよるが舞台冷房が強いときは見所の足元は温風吹出しとなって客の足元冷却を防止している（次ページ参照）。

4 ―― ダクト設計は七五三

ダクト風量が決まると、ダクトサイズは一般に定圧法と呼ばれる方法で決定する。定圧法の値として1Pa/mの圧力損失を用いている。ところが、能楽堂ではダクトからの騒音を防止するため定速法にてダクト設計を行った。ダクト内風速は、空調機周辺サイズ選定用が7m/s、主ダクトは5m/s、吹出口近くのダクト内は3m/sとしている。つまり七五三の定速法ダクト設計が騒音を避けるために用いられる。

5 ―― 水道は直結給水方式

地下1階、地上2階の建築で見所だけでも600人以上を収容する。水道局からは受水槽を設けることを要望された。何かにつけ受水槽を設けることが水道事業者からは望まれる時代でもあった。しかし、公演中とそれ以外のときの水使用の変動と、一時貯水した水の衛生管理に着目して、直結給水方式への要望を行い、理解を得た。設計で一般的とされていることを採用するときは理由を求められないが、当たり前とされていることの理由を考え直し、好ましい方向に向けたときはいつも容易ではなく多くの圧力と戦うこととなる。

6 ―― 非常用発電機は防災用

館内はスプリンクラー消火設備が設置されている。消火ポンプの稼働用にも非常用発電機が設置されている。この非常用発電機を火災以外の非常時に使えるように消防局と打合せをしたが、目的以外に使用することは不可能とされた。東日本大震災後は可能性が見出されつつあるが、この時代ではほとんど門前払いであった。

7 ―― 建築音響は内壁にキスをする

本事例の能楽堂設計には建築音響の大御所の先生がかかわっている。竣工間近の検査時、内壁に祈るようなキスをしている姿を見掛けたことがあった。
電気設備の音響設計はスピーカー、マイク、アンプそしてミキサーを配線として結ぶ。音響設計とは、音の伝播ではなく電気の配線としての設計である。しかし、音を伝えるために建築の空間や仕上げについて検証する。さらに内壁にはキスまでする。このような音響空間の検証はほかに類を見ない。

外観。屋根は幾重にも連なり、
各空間を分節し表すことで親しみのあるスケールとなっている

能舞台正面

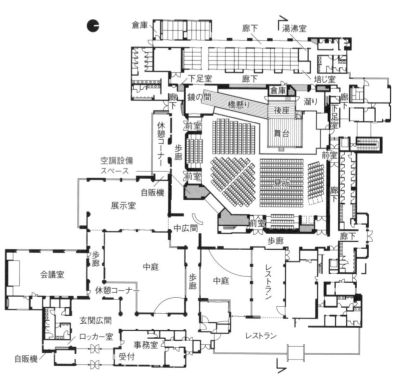

平面図 ｜ 1/800

蓄熱槽の断面

図は蓄熱槽の基本形状である。水蓄熱槽からの熱損失を少なくするため、また漏水を防ぐために、蓄熱槽は断熱防水が必要となる。また、蓄熱槽内の水の流れはデッドスペースが少なくなるように連通管1本をピットの上下、左右に分けて設ける。連通管は人通孔としても用いられるよう500φ以上とする。水槽内の水移動と水抜き用に、通気管と水抜き穴を梁の上、下部に設置する。

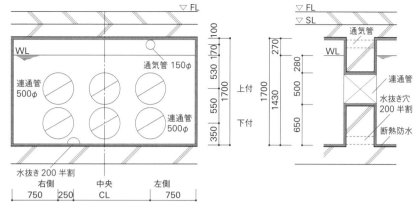

蓄熱槽連通管上付・下付取付図（断面図）│1/60

蓄熱槽断面図（梁部）│1/60

蓄熱槽の3種の運転モード

能楽堂は熱負荷が大きい建物である。また煙突のない建物とすることが能楽堂の景観から求められた。

熱負荷変動の大きな要素として、演能集客時、練習時、演者がいないとき、閉館時の4パターンがある。

この負荷変動を平準化しながら空調を行うために蓄熱槽と冷温水同時取出式空気熱源ヒートポンプチラーの組合せ方式としている。蓄熱槽は連通管に開閉バルブを設け、3パターンの蓄熱モードが設定できる。これにより冷温水槽容量を季節により3タイプの運転モードに分けられるようにしてある。

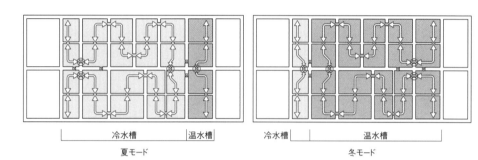

夏モード　　　　冬モード

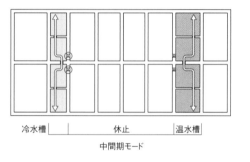

中間期モード　　　⊗ 開　　⋈ 閉

蓄熱槽運転モード

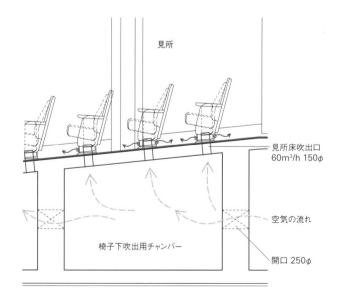

見所床下断面図│1/50

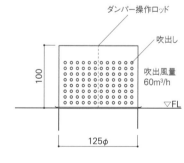

見所床吹出口断面図（ノンスケール）

市原湖畔美術館──既存設備配管類再利用のリノベーション

彫刻展示を主としてつくられた既存美術館を再利用するため、全国コンペでの最優秀案を実施した美術館である。

アートウォールによる低コスト工法を提案している。

設備機器と器具類は省エネルギー性をもとに更新し、配管類は既存の再利用を基本とし工費の軽減を図った。

展示スペース、レストラン棟での空調方式は新規とし、建築意匠とのマッチングを行っている。

建築は、既存のコンクリート躯体部分のみを残し、いわゆるスケルトン状態にした部分を利用し、増改修を行っている。

新たな増改修部には鉄骨ブレース造を構造部とし、外壁材にはロール成形鋼板を採用した。

重量感のあるコンクリート壁と比較的軽量感のある溶融亜鉛メッキの鉄の壁とのバランスが開放感をもたらし、

周辺の緑や湖水に調和する新たな公園環境を形成している。

室内においてはスケルトン部であるコンクリート躯体の空間の中に、

外壁同様のロール成形鋼板を使った間仕切り壁を設けて新たな展示室空間をつくり上げている。

展示室側の壁面はプラスターボード(t=12.5mm)を貼り、エマルションペイント塗り仕上げとして明るい展示空間をつくり上げている。

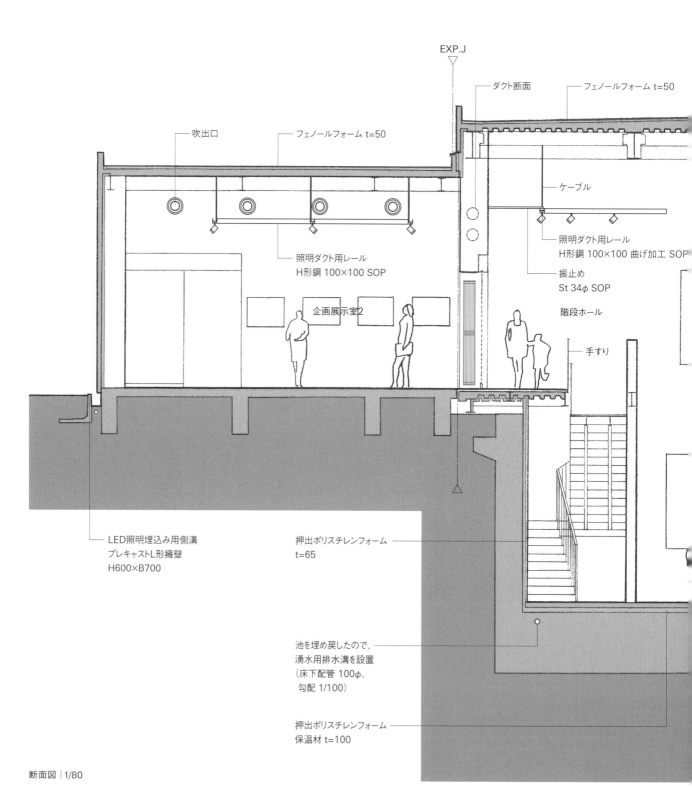

EXP.J

吹出口

フェノールフォーム t=50

ダクト断面

フェノールフォーム t=50

ケーブル

照明ダクト用レール
H形鋼 100×100 曲げ加工 SOP

照明ダクト用レール
H形鋼 100×100 SOP

振止め
St 34φ SOP

企画展示室2

階段ホール

手すり

LED照明埋込み用側溝
プレキャストL形擁壁
H600×B700

押出ポリスチレンフォーム
t=65

池を埋め戻したので、
湧水用排水溝を設置
(床下配管 100φ、
勾配 1/100)

押出ポリスチレンフォーム
保温材 t=100

断面図 | 1/80

建築概要

建設場所	千葉県市原市
建築用途	美術館
構造・規模	RC造（既存部）、鉄骨造（増築部）、地下1階地上1階
延べ面積	1866.1m²
意匠設計	カワグチテイ建築計画
設備設計	ZO設計室
照明計画	シリウスライティングオフィス
竣工年	2013年

設備概要

給水設備	直結給水方式
給湯設備	局所給湯方式
衛生器具設備	ロータンク方式
排水通気設備	重力排水、ループ通気方式
空調設備	空冷ヒートポンプパッケージエアコン方式
換気設備	第1種、第3種換気方式
受電設備	高圧受電方式
動力設備	空調機、エレベーター、ポンプ、浄化槽用
電灯設備	電灯コンセント
弱電設備	TEL、TV、LAN、放送、インターホン
防災設備	自動火災報知設備、屋内消火栓
汚水処理	合併浄化槽方式

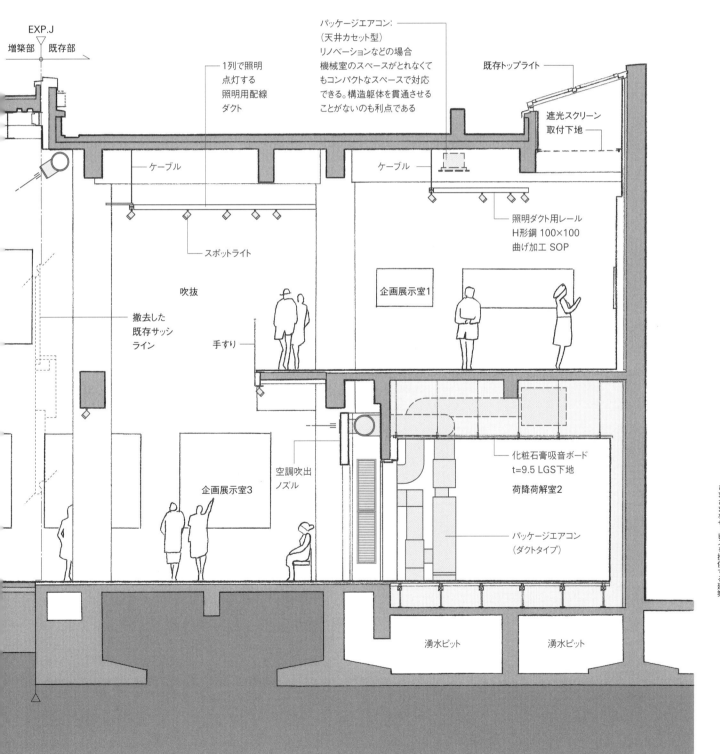

EXP.J
増築部　既存部

1列で照明点灯する照明用配線ダクト

パッケージエアコン：
（天井カセット型）
リノベーションなどの場合
機械室のスペースがとれなくてもコンパクトなスペースで対応できる。構造躯体を貫通させることがないのも利点である

既存トップライト

遮光スクリーン取付下地

ケーブル

ケーブル

照明ダクト用レール
H形鋼 100×100
曲げ加工 SOP

スポットライト

企画展示室1

吹抜

撤去した既存サッシライン

手すり

化粧石膏吸音ボード
t=9.5 LGS下地

荷降荷解室2

企画展示室3

空調吹出ノズル

パッケージエアコン
（ダクトタイプ）

湧水ピット　湧水ピット

1 ── 既存設備利用と新設品

建築設備の寿命は建築建物の1/3程度である。この美術館は既存躯体を利用しての改修であり、躯体は甦り利用されることになる。一方で設備は、それまで十数年の使用があるため、本計画ですべてを目的に合わせて更新する考え方が相当であろうといえる。しかし、改修の予算計画からは極力使える建築設備は再利用することとなった。エンドユーザーからすればそんな経過を知らないで使用をはじめる。こんな関係の狭間に建築設備が置かれるときが何度かある。

2 ── 既存電気室は再利用

一般には数十年前の電気室は改修時トランスを増設する場合が多い。しかし、この建築では照明器具の多くはLEDを採用し、空調機は省エネルギー化が進行しているため、電力負荷が少なくなったことから、既存トランス容量をそのまま再利用することで進めた。延べ面積は増加しているが、照明および空調電気容量の軽減が大きく寄与しているといえる。

3 ── 照明計画

美術館では一般に展示室、収蔵庫、事務室で照度が異なる。展示室は展示品の局所照明が主体となり、あわせて紫外線をカットした照明が求められる。収蔵庫では管理番号の確認に必要な照度となるが、紫外線を発しない処理が必要となる。この美術館での特徴は外部空間での照明計画では、光源を地面下に設置して外壁面を照らす方法が採られていることである。これまでは地上にスポットライトを設置していたが、これを地面下にするためU字溝を設けこの中にLEDを設けている。器具の小型化がこれを可能にしている（次ページ参照）。

4 ── アートウォールと建築設備

既存建築を利用し、工事費を抑えた美術館とするためにアートウォールが提案された。このアートウォールが既存の記憶を閉じ込めながら、新しい装いと機能を可能にしている。

新たな仕上げとなるため、電気コンセントは既存コンセントからコードを延長して接続する。空調設備はアートウォールの上部をダクトルートとして確保して、吹出口や吸込口を設けることにしている。そのためアートウォールの制気口はノズル型が多く採用されている。

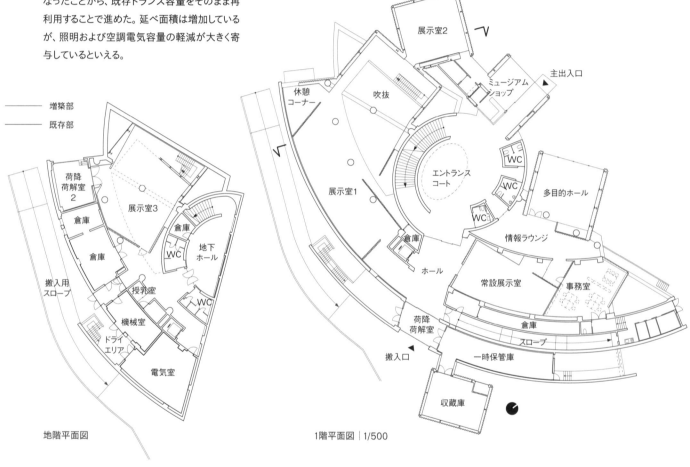

―――― 増築部
―――― 既存部

地階平面図

1階平面図｜1/500

建物外観。
既存建物の印象を完全に消し去りまったく新たな建築を表出している

アートウォール夜景。
外装スチール折板シートの溝に光の帯が美しく立ち上がっている

5 ──── ケーブルラックの利用で配線ルートを確保

既存建物の構造躯体に開口を設けることは、一般に避けなければならない。電線ケーブルを梁下に設けて、各器具への配線を行うとき、ケーブルラックは便利であり、配線ルートを確保することができる。

6 ──── 給水管ルートは臨機応変に対応

既存建築の主要構造部へのダメージを少なくするため給水管経路の確保の検討が求められた。既存給水引込管を再利用して、量水器以降新規配管とした。しかし既存建築の改修としているため、随所に既存配管スリーブを用いた箇所がある。給水管の集中した既存トイレは器具と配管の更新となるが、ここに至る空間が変更となっているため、新規ルートを確保する必要がある。配管は将来の更新も考慮したPSの確保が求められる。

7 ──── 浄化槽の設置

本事例は、既存建物の改修であり、延べ面積の増加に伴い浄化槽の処理対象人員も増える。さらに、敷地内新設のカフェ棟分を見込んだ浄化槽の新設設置が求められるのが一般的である。美術館棟は既存浄化槽を利用し、カフェ棟用に新設浄化槽で対応することが可能となった。放流水質のBOD値は既存は90mg/ℓ、カフェ棟は20mg/ℓとなり、合理的に浄化槽を新設することが可能となった。

照明器具の姿図

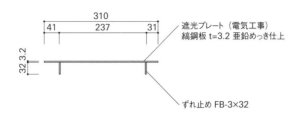

遮光プレート（電気工事）
縞鋼板 t=3.2 亜鉛めっき仕上

照明器具

ずれ止め FB-3×32

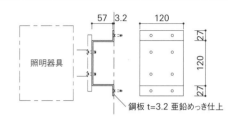

照明器具

鋼板 t=3.2 亜鉛めっき仕上

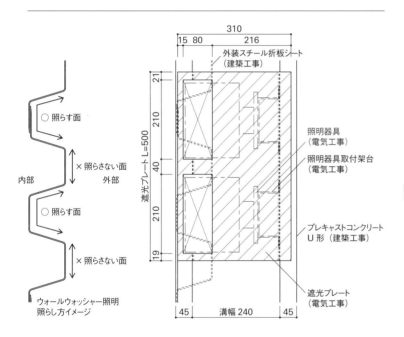

○ 照らす面

× 照らさない面

内部　　外部

○ 照らす面

× 照らさない面

ウォールウォッシャー照明
照らし方イメージ

外装スチール折板シート
（建築工事）

照明器具
（電気工事）

照明器具取付架台
（電気工事）

プレキャストコンクリート
U 形（建築工事）

遮光プレート
（電気工事）

遮光プレート L=500

溝幅 240

アートウォール平面図 ｜1/100

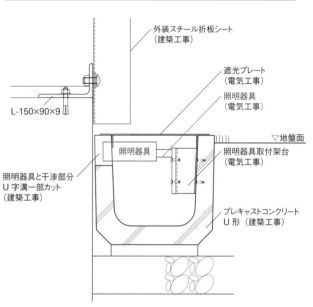

外装スチール折板シート
（建築工事）

遮光プレート
（電気工事）

照明器具
（電気工事）

▽地盤面

照明器具取付架台
（電気工事）

プレキャストコンクリート
U 形（建築工事）

照明器具と干渉部分
U 字溝一部カット
（建築工事）

L-150×90×9

アートウォール断面図 ｜1/100

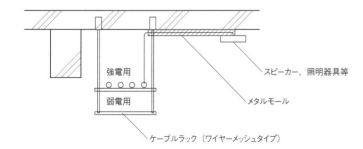

強電用

弱電用

スピーカー、照明器具等

メタルモール

ケーブルラック（ワイヤーメッシュタイプ）

＊強電・弱電共通事項として直天井部分の露出配管配線は、
意匠を考慮し図示のケーブルラックを極力使用するものとし、
上記図を参考に施工を行う

ケーブルラック断面図（ノンスケール）

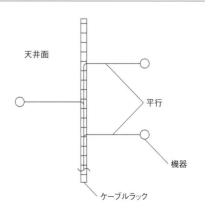

天井面

平行

機器

ケーブルラック

展示室のフレキシビリティーを確保するため、
配線ダクトとケーブルラックを、スラブより吊り下げることで対応している。

ケーブルラック平面図（ノンスケール）

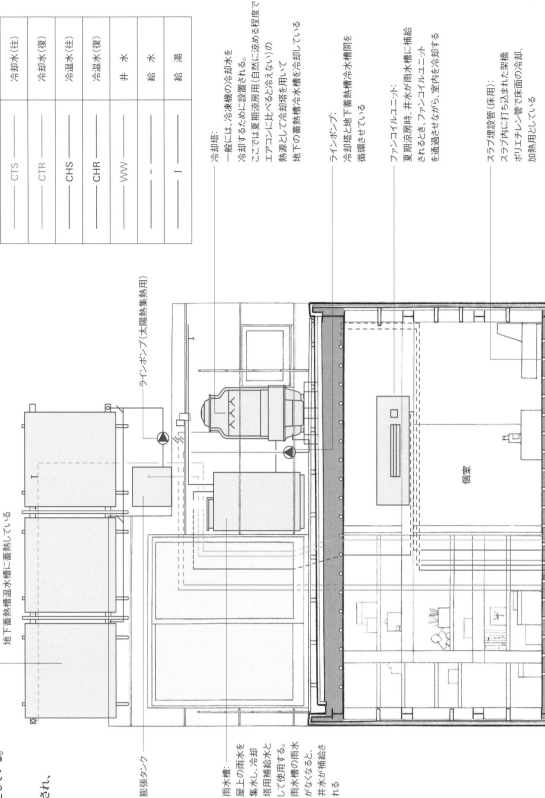

記号	名称
—— SS ——	集熱管 (往)
—— SR ——	集熱管 (復)
—— CTS ——	冷却水 (往)
—— CTR ——	冷却水 (復)
—— CHS ——	冷温水 (往)
—— CHR ——	冷温水 (復)
—— WW ——	井 水
——	給 水
——	給 湯

この建物は地下部分にアトリエを付置した。

都心に建つ地下1階、地上3階建ての塔状の狭小住宅である。

地階は潜函工法による壁式RC造とし、その上部に八角形平面の

3層部をフィーレンディールトラスによる鉄骨造としている。

各階スラブは床面積22.27m²とり小さいため

スラブ厚250mmの床盤のみで外周梁に緊結され、

蓄熱式輻射冷暖房システムを

取り込んだ大きな蓄熱体となっている。

外壁は35mmの高性能断熱材を

挟んだスチールパネルを張り、

内壁部には15mmのプラスターボードを

張って内壁部における

蓄熱材としての利用も図っている。

この建物のもうひとつの特徴は

地階から各階、

屋上階までパイプシャフトを設置せず、

給冷温水管の架橋ポリエチレン管を

露出させていることである。

これは給冷温水管からの温熱、

冷熱がこの建物全体の

室内空気と直接熱交換をすることで

熱の損失を防ぐ効果をねらっている。

建物内部の配管関係での

メンテナンスも容易となっている。

太陽熱集熱器:
太陽熱を温熱源とするため設置して、
地下蓄熱槽温水槽に蓄熱している

ラインポンプ (太陽熱集熱用)

膨張タンク

冷却塔:
一般には、冷凍機の冷却水を
冷却するために設置される。
ここでは夏期涼房用(自然に涼めとどの程度で
エアコンに比べると冷えない)の
熱源として冷却塔を用いて
地下の蓄熱槽冷水槽を冷却している

ラインポンプ:
冷却塔と地下蓄熱槽冷水槽を
循環させている

ファンコイルユニット:
夏期涼房時、井水が雨水槽に補給
されるとき、ファンコイルユニット
を通過させながら、室内を冷却する

スラブ埋設管(床用):
スラブ内に打ち込まれた架橋
ポリエチレン管で床面の冷却、
加熱用としている

スラブ埋設管(天井用):
スラブ内に打ち込まれた架橋
ポリエチレン管で天井面の冷却、
加熱用としている

雨水槽:
屋上の雨水を
集水し、冷却
塔用補給水と
して使用する。
雨水槽の雨水
がなくなると、
井水が補給さ
れる

個室

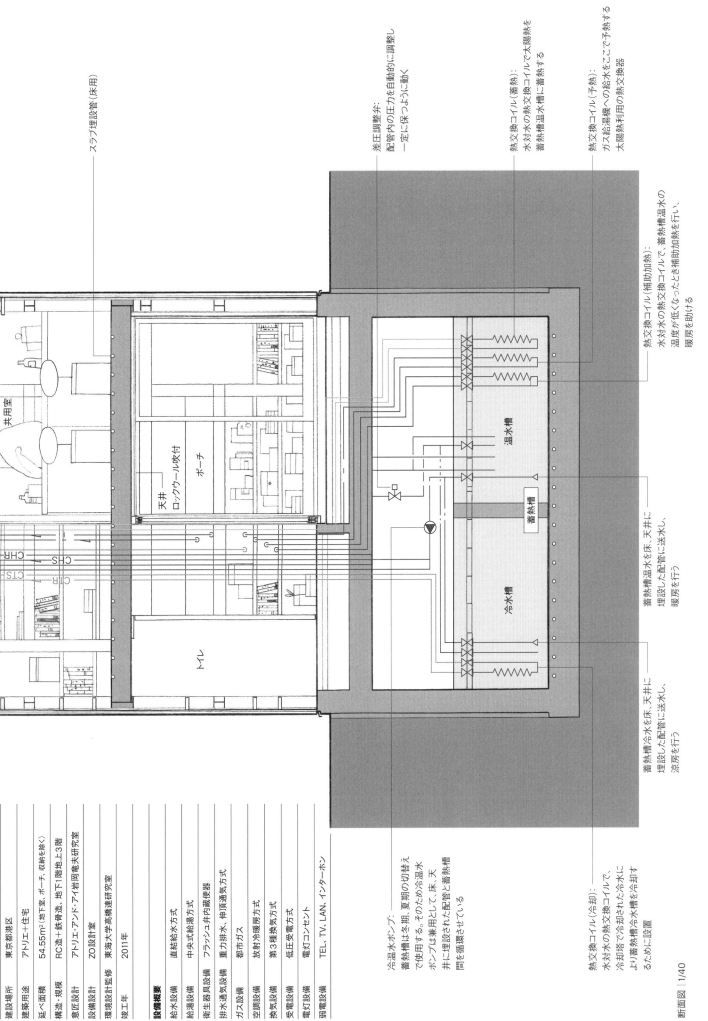

概要

建設場所	東京都港区
建築用途	アトリエ+住宅
延べ面積	54.55m²(地下室、ポーチ、収納を除く)
構造・規模	RC造+鉄骨造、地下1階地上3階
意匠設計	アトリエ・アンド・アイ岩岡竜夫研究室
設備設計	ZO設計室
環境設計監修	東海大学高橋達研究室
竣工年	2011年

設備概要

給水設備	直結給水方式
給湯設備	中央式給湯方式
衛生器具設備	フラッシュ弁内蔵便器
排水通気設備	重力排水、伸頂通気方式
ガス設備	都市ガス
空調設備	放射冷暖房方式
換気設備	第3種換気方式
受電設備	低圧受電方式
電灯設備	電灯コンセント
弱電設備	TEL、TV、LAN、インターホン

スラブ埋設管

差圧調整弁：
配管内の圧力を自動的に調整し
一定に保つように動く

熱交換コイル(蓄熱)：
水対水の熱交換コイルで太陽熱を
蓄熱槽温水槽に蓄熱する

熱交換コイル(予熱)：
ガス給湯機への給水をここで予熱する
太陽熱利用の熱交換器

熱交換コイル(補助加熱)：
水対水の熱交換コイルで、蓄熱槽温水の
温度が低くなったとき補助加熱を行い、
暖房を助ける

蓄熱槽温水を床、天井に
埋設した配管に送水し、
暖房を行う

蓄熱槽冷水を床、天井に
埋設した配管に送水し、
涼房を行う

冷温水ポンプ：
蓄熱槽は冬期、夏期の切替え
で使用する。そのため冷温水
ポンプは兼用として、床、天
井に埋設された配管と蓄熱槽
間を循環させている

熱交換コイル(冷却)：
水対水の熱交換コイルで、
冷却塔で冷却された冷水に
より蓄熱槽冷水槽を冷却す
るために設置

共用室

天井
ロックウール吹付

ポーチ

トイレ

温水槽

冷水槽

蓄熱槽

CHR
CHS
CTS
CTR

断面図 | 1/40

自然エネルギーを利用した建築

1―――太陽熱利用給湯

屋上に設けた太陽熱集熱器は給湯・暖房用加熱用熱源として利用している。太陽熱利用で、一般に15℃前後の給水温度を5－10℃上昇させることは容易であるが、35℃の水を40℃にするのは容易なことではない。そこで、太陽熱を温水槽で熱交換して水温を上げ、仕上げはガス給湯機を用いて給湯温度を確保している。

2―――温水槽と冷水槽

地下には小さな蓄熱槽がある。蓄熱槽は温水槽と冷水槽に分けられ、温水槽は給湯・暖房用熱源として、年間利用を行っている。冷水槽は涼房用熱源とするため夏期専用の利用としている。

3―――冷却塔で「涼房」

冷水槽の水は屋上に設置した冷却塔（クーリングタワー）を用いて冷却される。冷却塔は開放型で本来は冷凍機の冷却水を冷却する目的のものであるが、本システムでは涼房用熱源機器として冷水槽の水を冷却するために用いている（「涼房」は自然に涼める程度でありエアコンに比べると冷えない）。冷却塔で冷却した水は外気湿球温度に近くなる程度の水温である。

4―――室内の快適性は放射熱による

天井面や床面に架橋ポリエチレン管が埋設されている。架橋ポリエチレン管内には地下の蓄熱槽の冷温水がポンプで押し上げられ循環している。この水は暖房時には温水が、涼房時には冷水（そんなに冷えていないが）が通される。天井と床は蓄熱槽からの水で温められたり冷却されたりし、ここからの放射熱（輻射）で室内の暖房や涼房を行える。

5―――温水槽の補助熱源はガス給湯機

温水槽の熱源は太陽熱。太陽熱は気まぐれで安定的ではない。そのためガス給湯機の暖房回路を利用して、補助熱源としている。この補助熱源を上手に使うことがエネルギーの節約となる。コツは太陽が出ているときは運転を停止することである。

6―――井水のカスケード利用

井水は雨水槽の水がなくなると補給される。雨水槽の水は冷却塔用の補給水として屋根の雨水を集水している。屋根面積が10㎡足らずのため冷却塔が本格稼働すると2時間弱でなくなる。そのため井水は補給水として雨水槽から冷却塔へと流れ込み、冷却塔の冷却効果を上げるためにカスケードで利用する。

7―――井水利用のファンコイルユニット

井水利用のファンコイルユニットは井水を冷熱源として室内空気を冷却する。その効果を有効にするため3階天井に設置し、吹き出された室内冷気を下階へと降下させている。地階に設置されたファンコイルユニットは地階のアトリエ利用時の、冷房負荷対応で用いている。

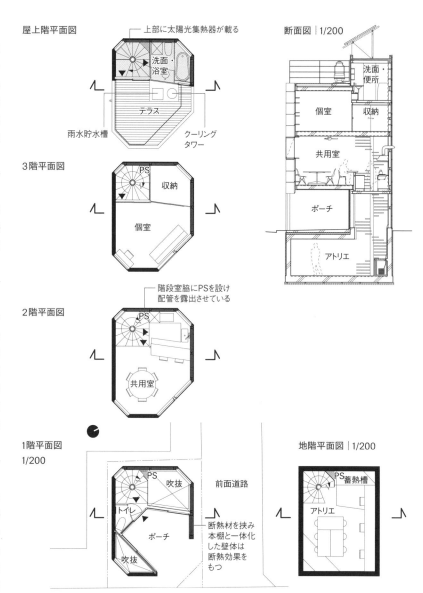

屋上階平面図

上部に太陽光集熱器が載る

洗面・浴室

テラス

雨水貯水槽

クーリングタワー

断面図｜1/200

洗面・便所

個室　収納

共用室

ポーチ

アトリエ

3階平面図

PS

収納

個室

2階平面図

階段室脇にPSを設け配管を露出させている

PS

共用室

1階平面図 1/200

PS　吹抜

トイレ

ポーチ

吹抜

前面道路

断熱材を挟み本棚と一体化した壁体は断熱効果をもつ

地階平面図｜1/200

PS　蓄熱槽

アトリエ

前面道路

八角形に設けた開口部側を見た外観

地階の蓄熱槽につながる配管類。蓄熱槽は冷水槽と温水槽に分かれており、それぞれ蓄熱用配管と放熱用配管となる

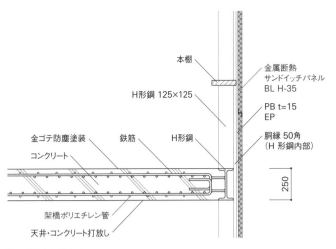

本棚
金属断熱
サンドイッチパネル
BL H-35
H形鋼 125×125
PB t=15
EP
金ゴテ防塵塗装　鉄筋　H形鋼
胴縁 50角
（H 形鋼内部）
コンクリート
250
架橋ポリエチレン管
天井・コンクリート打放し

柱・梁接合部詳細｜1/30

蓄熱槽と熱交換コイル

蓄熱槽には熱交換コイルが設置されている。熱交換コイルは銅製で、円柱状につくられた原始的なものであるが、必要熱交換面積は、円柱の高さや直径を大きくすることで確保している。蓄熱槽内に太陽熱集熱分を与えたり、蓄熱槽内の熱を床に伝えたりするための熱媒用熱交換として用いられる。熱交換効率は高いとはいえないが、設置スペースが少なく、製作費が安いという特長がある。

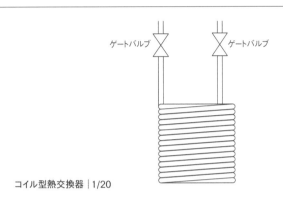

ゲートバルブ　ゲートバルブ

コイル型熱交換器｜1/20

システムの解説

図中の番号を囲む図形と、以下の解説頭の図形が対応している

□　井水涼房システム

夏は井戸水を汲み上げて、地下アトリエと3階吹抜け上部に設けたファンコイルユニット（FCU）に通して「涼房」する。ただし、井水は雨水槽の水位が低下したときに汲み上げられる。雨水槽の水は、冷却塔の補給水として使われる。

●△　床冷却システム

地階にある蓄熱槽冷水槽の水を床、天井スラブに埋設した配管に通すことで、スラブ面を冷却する。冷却塔を運転して、冷水槽の温度を冷やし、温度上昇を抑制している。

●　床加熱システム

地階にある蓄熱槽温水槽の水を床冷却システムと同じポンプ配管に通して、各階のスラブを加熱する。温水槽は自然エネルギーの太陽熱で加熱する。

○　太陽熱集熱システム

地下蓄熱槽温水槽は、太陽熱を利用して年間温められている。そのため給湯機へ供給する水は、予熱されてから給湯機へ送られる省エネルギーシステムとなっている。太陽熱は床加熱システムの主熱源でもある。

（ ）　給湯補助熱源システム

温水槽は通年で利用される。暖房時、太陽熱が集められないときは、給湯機の追焚を利用して、水槽内を加熱する補助熱源としている。太陽熱がないときはガス給湯機で加熱する。

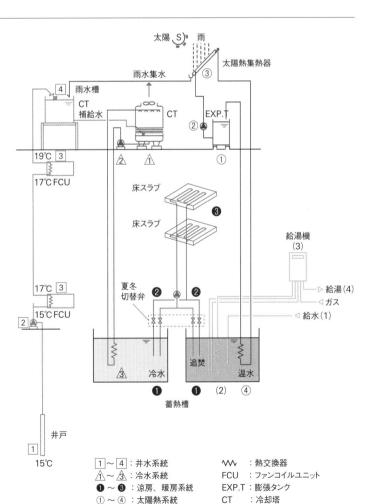

各エネルギーシステムのフロー

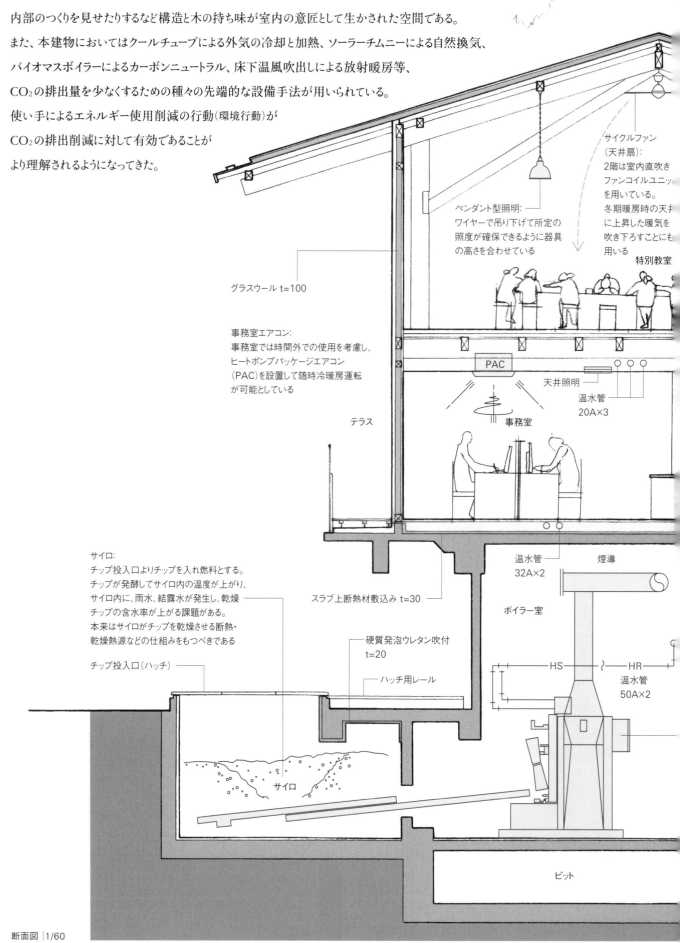

地域の木材を利用し、敷地に融合した里山につくられた小規模な小学校である。

グループ学習、テーマ活動を教育に取り入れており、1年から4年生までは縦割りのグループなり、

学年での教育なり、集団は変化するため、完全なオープンプランの教室としている。

里山の自然教育を旨とし、丹沢の杉でつくり、自然採光での授業や自然通風を基本とした環境をつくっている。

天井を張らず梁をあらわしとしたり、壁を格子耐力壁のあらわしとして透過性をもたせ

内部のつくりを見せたりするなど構造と木の持ち味が室内の意匠として生かされた空間である。

また、本建物においてはクールチューブによる外気の冷却と加熱、ソーラーチムニーによる自然換気、

バイオマスボイラーによるカーボンニュートラル、床下温風吹出しによる放射暖房等、

CO_2の排出量を少なくするための種々の先端的な設備手法が用いられている。

使い手によるエネルギー使用削減の行動（環境行動）が

CO_2の排出削減に対して有効であることが

より理解されるようになってきた。

七沢希望の丘初等学校──バイオマスボイラーを活用した木造小学校

サイクルファン（天井扇）:
2階は室内直吹き
ファンコイルユニット
を用いている。
冬期暖房時の天井
に上昇した暖気を
吹き下ろすことにも
用いる

特別教室

ペンダント型照明:
ワイヤーで吊り下げて所定の
照度が確保できるように器具
の高さを合わせている

グラスウール t=100

事務室エアコン:
事務室では時間外での使用を考慮し、
ヒートポンプパッケージエアコン
（PAC）を設置して随時冷暖房運転
が可能としている

PAC

天井照明

温水管
20A×3

テラス

事務室

温水管
32A×2

煙導

サイロ:
チップ投入口よりチップを入れ燃料とする。
チップが発酵してサイロ内の温度が上がり、
サイロ内に、雨水、結露水が発生し、乾燥
チップの含水率が上がる課題がある。
本来はサイロがチップを乾燥させる断熱・
乾燥熱源などの仕組みをもつべきである

スラブ上断熱材敷込み t=30

ボイラー室

HS — HR

温水管
50A×2

硬質発泡ウレタン吹付
t=20

チップ投入口（ハッチ）

ハッチ用レール

サイロ

ピット

断面図 | 1/60

建築概要

建築場所	神奈川県伊勢原市
建築用途	小学校
構造・規模	RC造＋木造、地下1階地上2階
延べ面積	1229 m²
建築意匠設計	中村勉総合計画事務所
設備設計	ZO設計室
竣工年	2008年

設備概要

給水設備	圧力給水方式
給湯設備	局所給湯方式
衛生器具設備	ロータンク方式
排水通気設備	重力排水、ループ通気方式
ガス設備	LPガス
空調設備	空冷ヒートポンプパッケージエアコン方式
暖房設備	温水、ファンコイルユニット床吹出方式
換気設備	第2種換気方式
受電設備	高圧受電方式
動力設備	空調機、ポンプ、浄化槽用電源
電灯設備	電灯コンセント
弱電設備	TEL、LAN、インターホン
消火設備	屋内消火栓設備
汚水処理設備	合併浄化槽・上水浸透蒸発方式

硬質ウレタンフォーム t=50

硬質発泡ウレタン吹付

暖かい空気を
下に降らす

耐力壁:
透過性のある耐力壁

照明

出口

ブラケット
○

テラス

グラウンド

図書コーナー
スラブ上断熱材敷込み t=30
FCU（床吹出し）

温水管
25A×3

バイオマスボイラー:
サイロにあるチップを燃料として、ボイラー内の温水を加熱し、暖房用に用いる。
コンパクトで、使用勝手も良いが含水率が30％以下のチップでないと稼動しない
という難点がある。ボイラー下部には残滓として灰が残り、処分が必要となる。
燃料が石油やガスになってからはその必要はなくなったが、昔は薪や石炭を用い
たとき、灰出しは必須であった。バイオマスボイラーの灰処理は山に戻すことが
合理的である

1 ──── バイオマスエネルギー利用

教室の暖房にはバイオマスエネルギーを用いている。一般に暖房は石油やガスのいわゆる化石燃料を用いることで、CO_2排出量が多くなる。バイオマスエネルギーはCO_2を固定化したものを燃料とするため、CO_2の排出はあるものの、カーボンニュートラルとして扱われる。バイオマスとしては木チップを燃料とするボイラーを使用して、暖房用温熱源とした。含水率が30％以下の木チップでないと稼動しない不安定さのため、補助熱源を用いる等やっかいな問題が残るが、CO_2排出削減の取組みが求められるなか、木チップを乾燥させるサイロの設計が求められている。

2 ──── クールチューブ利用

クールチューブは日本では、冬用として使用される際にはウォームチューブと言ったり、アースチューブなどとも言われている。外気を取り入れ地中熱を利用して、夏期は冷却、冬期は加熱することで、空調外気負荷を軽減することを目的としている。

一般に、外気負荷は空調負荷の30−35％であるが、そのうちの100％をクールチューブで処理しようとすると装置が過大になるため、本事例では1/5程度であるシックハウス換気分（24時間換気分）を処理した。

自然エネルギーは使用が推奨されていることから、積極的に採用をするのが良いと短絡的に考えがちであるが、活用割合が増えればかえって環境に悪影響を与えてしまう場合がある。負荷の100％を賄うのでなく、50％程度に留めるのが良い。また、自然エネルギーは人間だけでなく、植物や動物も恩恵に浴している。人だけが自然エネルギーを浪費するのは真に地球環境レベルでの環境行動となりえないと筆者は考えている。

3 ──── ソーラーチムニー利用

ソーラーチムニーは太陽熱による温度差を利用した自然換気システムである。2カ所にソーラチムニーを設置することで、地下多目的ホール、教室の自然換気として計画した。実際は太陽熱による換気力よりは風の影響を受けることが多く、特に冬期の北風が強くなると外気が室内に侵入し、暖房が効かなくなってしまった。一般に煙突でも風によってバックファイヤーが発生する場合があり、ソーラーチムニーの換気面が垂直となっていることが風に左右される理由と考えられる。これについては、ソーラーチムニーに属している室内側の換気ガラリに開閉シャッターを付けて、換気量の調整ができるように改良した。

4 ──── 床吹出暖房

教室は暖房のみを行っている。バイオマスボイラーでつくられた温水をファンコイルユニットに送り、ファンコイルからの温風は床下の区画さ

小高い山の稜線に重なるように屋根が形づくられるように室内の配置がされている

1階低学年用スペース。
床下の暖房用温風が床面やベンチ下の吹出口より吹き出される。
中央壁上部のガラリはソーラーチムニーに連結し
自然換気が行われている

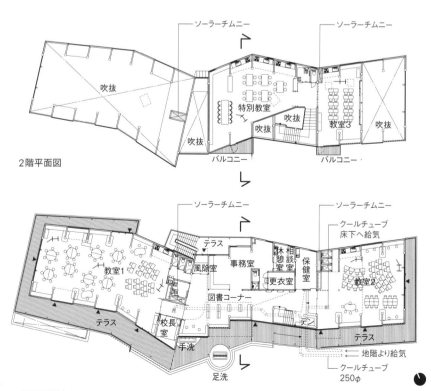

2階平面図

1階平面図｜1/500

れたエリア内に吹き出し、反対側のペリメーター側の床吹出口から吹き出す。この床吹出暖房は床面を24−25℃に保つ。床面温度によって快適な室内環境をつくる、放射暖房によるため、小学校のように身長が発達途中である子どもが生活する場所の暖房方式としては良好なシステムである。

5 ——— 給水は圧力給水方式

小規模な小学校であるが、校舎が小高い山の上にあり、水圧不足となる。設計当時、増圧直結給水方式はこの立地では認められていなかったため、受水槽を設置した。受水槽に貯水後、圧力を加えて給水する。竣工後に、この地域で増圧直結給水方式が許可されたと聞いて、制度上のこととはいえ当時採用できなかったことは残念な思いがする。受水槽は、上水を貯水することで衛生管理が必要であり、また上水の圧力も損失するので望ましくないのは周知の通りである。

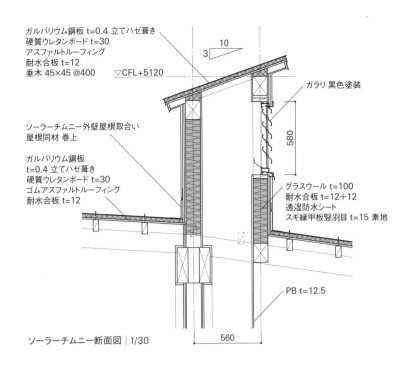

ガルバリウム鋼板 t=0.4 立てハゼ葺き
硬質ウレタンボード t=30
アスファルトルーフィング
耐水合板 t=12
垂木 45×45 @400　　　　▽CFL+5120

ソーラーチムニー外壁屋根取合い
屋根同材 巻上

ガルバリウム鋼板
t=0.4 立てハゼ葺き
硬質ウレタンボード t=30
ゴムアスファルトルーフィング
耐水合板 t=12

ガラリ 黒色塗装

グラスウール t=100
耐水合板 t=12+12
透湿防水シート
スギ縁甲板竪羽目 t=15 素地

PB t=12.5

ソーラーチムニー断面図 | 1/30

クールチューブによる暖房

床下空間には外気が送風されている。外気は東側森の空気を取り入れて、地中に埋設（50m）されたチューブにより、夏は地中で冷却し、冬は地中で加温するクールチューブを用いている。クールチューブを通った空気は床下空間に吹き出すことで、温風とミキシングしてから室内に吹き出すため、外気取入れの不快感がない。暖房された空気は室内に吹き出され、ソーラーチムニーに接続された室内吸込口より吸い込まれ、ソーラーチムニーによって排気される。このことで室内の換気が成り立つようにしている。

ソーラーチムニーの原理

太陽熱を利用して、煙突状の頂部を加熱することで、煙突状内部の空気温度を上げるようにした自然換気装置。室内空気温度とソーラーチムニー上部の空気温度差が大きくなれば循環力が大きくなり換気量も多くなる。ソーラーチムニーの頂部は太陽熱を受熱しやすいように黒色塗装とする。つまり、重力換気による自然換気として利用することができるが、換気量は温度差に左右され一定ではなく、換気量を操作できるようにダンパー等を設けると良い。

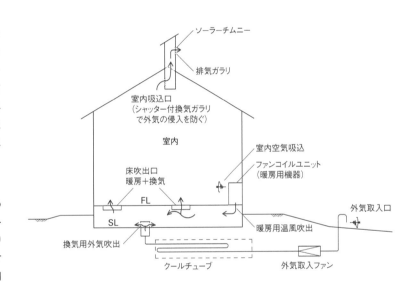

クールチューブの仕組み

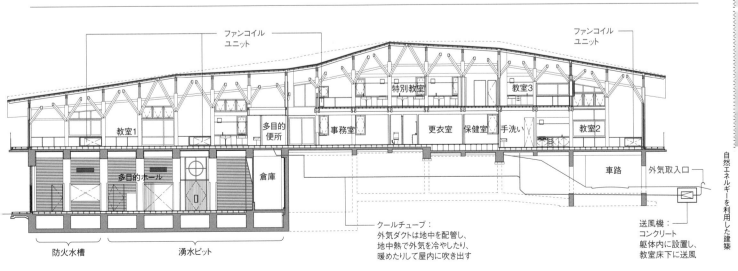

断面図 | 1/300

林の中に建つ研究所──採熱杭で地中熱を利用する

松の木立に囲まれた平坦な緑陰の中に建つ、2階建ての研究センターである。

平面構成は中央の2層部に研究作業のためのオープンスペースを確保し、

その両サイドに階段、水まわり等のサービススペースを設けた単純明快な構成となっている。

構造的には中央部は木造大断面集成材を使った12mスパンの柱・梁架構の構造形式となっており、

その両サイドのコア部分はRC壁式構造とし、全体的にはシンプルな混構造となっている。

これにより、空間機能の更新、設備システムの更新等にフレキシブルな対応が可能となっている。

熱的に高度な省エネルギーをもたらすために外周エンベロープ(主として外壁、窓ガラス、日射遮蔽システムなど)に

高性能のシステムを取り入れている。コア部のコンクリート壁の外部仕上げを外断熱とし、

室内側のコンクリート壁の大きな熱容量を使用した内部発生熱の蓄熱効果を得ている。

これにより急激な室温変化を防ぎ、比較的安定した室内環境を確保している。

中央の研究作業スペースの東西面開口部は全面カーテンウォールとなっており、

外部の木立の中での快適な室内作業環境をつくり出している。

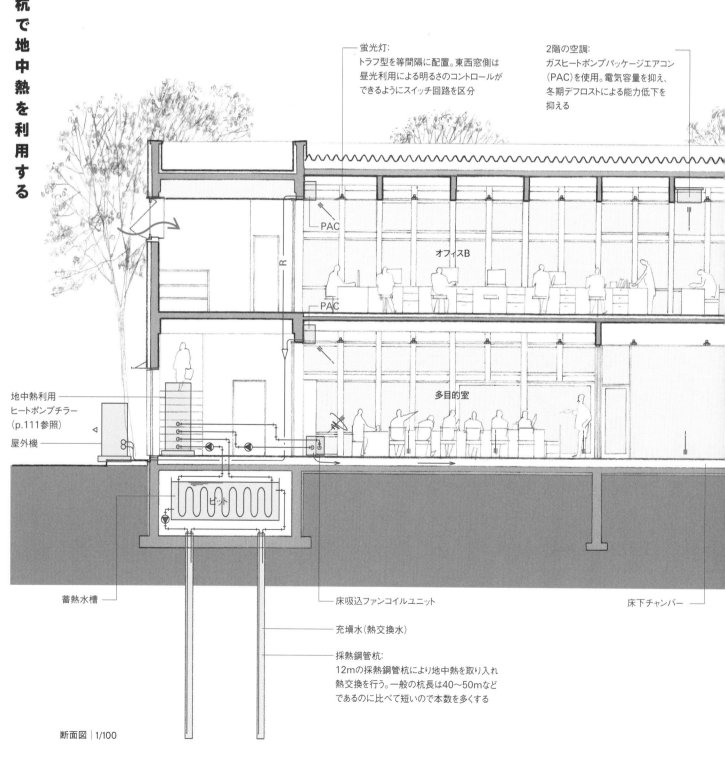

蛍光灯:
トラフ型を等間隔に配置。東西窓側は昼光利用による明るさのコントロールができるようにスイッチ回路を区分

2階の空調:
ガスヒートポンプパッケージエアコン(PAC)を使用。電気容量を抑え、冬期デフロストによる能力低下を抑える

PAC

オフィスB

PAC

R

地中熱利用ヒートポンプチラー(p.111参照)

屋外機

多目的室

ピット

蓄熱水槽

床吸込ファンコイルユニット

床下チャンバー

充填水(熱交換水)

採熱鋼管杭:
12mの採熱鋼管杭により地中熱を取り入れ熱交換を行う。一般の杭長は40〜50mなどであるのに比べて短いので本数を多くする

断面図 | 1/100

建築概要

建設場所	茨城県つくば市立原
建築用途	研究所
構造・規模	RC造＋木造、地上2階
延べ面積	764.69m²
意匠設計	エステック計画研究所
設備設計	科学応用冷暖研究所
竣工年	2008年

設備概要

給水設備	直結給水方式
給湯設備	局所給湯方式
衛生器具設備	ロータンク方式
排水通気設備	重力排水、ループ通気方式
ガス設備	都市ガス
空調設備	水冷ヒートポンプチラー（地中熱利用型）、ガスヒートポンプパッケージエアコン方式

換気設備	全熱交換換気方式
受電設備	高圧受電方式
動力設備	空調機、ポンプ用
電灯設備	電灯コンセント
弱電設備	TEL、TV、LAN
防火設備	自動火災報知設備

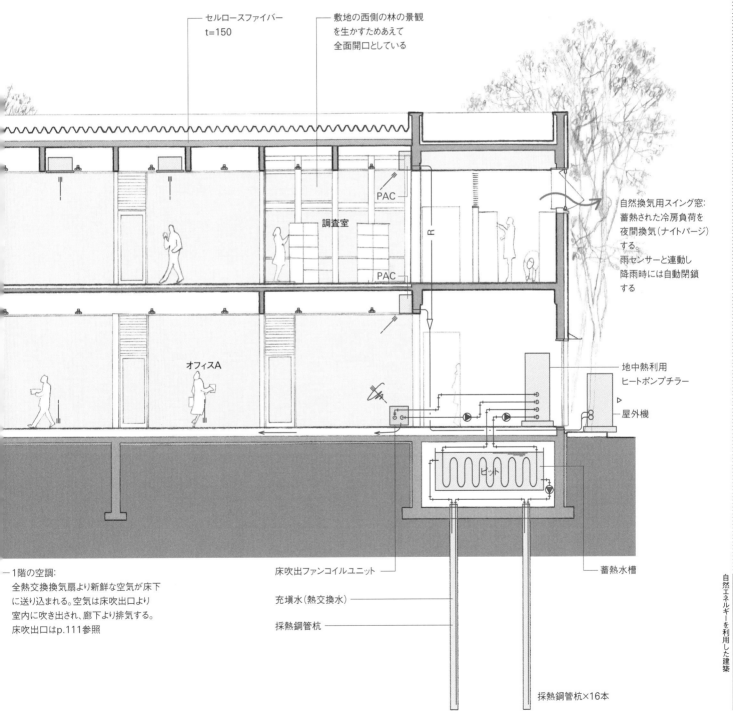

セルロースファイバー
t=150

敷地の西側の林の景観を生かすためあえて全面開口としている

PAC

調査室

PAC

R

自然換気用スイング窓:
蓄熱された冷房負荷を夜間換気（ナイトパージ）する。
雨センサーと連動し降雨時には自動閉鎖する

オフィスA

地中熱利用ヒートポンプチラー

屋外機

ピット

1階の空調:
全熱交換換気扇より新鮮な空気が床下に送り込まれる。空気は床吹出口より室内に吹き出され、廊下より排気する。
床吹出口はp.111参照

床吹出ファンコイルユニット

充填水（熱交換水）

採熱鋼管杭

蓄熱水槽

採熱鋼管杭×16本

1 ── 地中杭を利用した地熱利用システム

水熱源ヒートポンプユニットの熱源は地中熱を杭を用いて取り入れている。地中熱は温度が安定していることからヒートポンプ熱源として、期待されている。そのために用いた杭は12m、32本である。これによる省エネルギー効果も期待している。

2 ── バランス型逆流防止換気窓の利用

南北妻側壁面の上部に換気窓（「スウィンドウ」）を設置している。スウィンドウは通風、夜間換気、排熱の3つの運転モードの使い分けによって自然冷却効果を確保している。通風は自然通風で風力によって左右されるが、動力を用いない涼風が期待できる。夜間換気（ナイトパージ）を行うことで、事務室空間に蓄熱された熱を放出して、朝の冷房立ち上げ負荷を軽減している。排熱は執務中に地窓を開放して、外気を室内に導入しながら室内で発生した熱をスウィンドウから排出する。

3 ── 空調吹出口は床吹出

南北のコア部分で執務空間の木造大架構を支える構成で、執務空間の東西面はLow-E複層ガラスで覆われている。Low-E複層ガラス面の床には空調吹出口が設置され、窓よりの負荷を除去し、室内温度分布を良好に維持するようにしている。ここに用いる空調熱源は地中熱利用ヒートポンプとガスヒートポンプの併用となっている。

4 ── 照明器具は梁間に入れる

室内照明器具は木造架構の梁間に入れ、照明器具の梁下への露出を少なくしている。照明器具は東西のラインを構成することで、窓側の昼光照度による点灯制御ができるようにしている。また、建築的にはガラス面の庇兼用ライトシェルフによって、日射を窓側より奥に反射させたり、強い日射をコントロールするための日射遮蔽マリオンや日よけルーバーを設置したりしている。

5 ── 蓄熱はコアでする

大空間を木造で確保しコア部分をコンクリート造とする。外断熱により、コンクリート躯体は室温を蓄熱し、執務室の大空間の温度変化を緩和させる働きをすることで全体のバランスを確保している。

6 ── RC造コアと支持杭

この建物のコア部分がRC造となり、支持杭と地中熱利用杭を兼用した型となっている。各コアの支持杭は呼称150Aの鋼管32本（16本×2コア）を12mの深さに設置し、地中熱利用の熱交換にもなっている。一般には40−50mぐらいの杭を複数本設置する事例が多いなか、本事例では地中熱を支持杭である鋼管杭で熱交換し、1階オフィスAや多目的室用の熱源としている。

夏期の直射日光は主として「水平に設置されたガラリ」「垂直に並んだ固定縦型ルーバー」そして「夏期緑化する林」によってコントロールされている

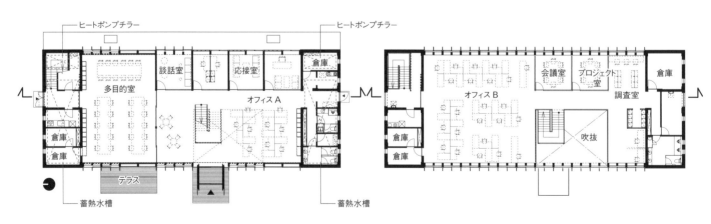

1階平面図 | 1/600   2階平面図

地中熱ヒートポンプ

ヒートポンプチラーユニットは冷房時冷水、暖房時温水をつくる冷温熱源機である。ここでつくられた冷温水を空調機（この場合ファンコイルユニット）へ送水し、冷暖房を行う。ヒートポンプチラーユニットの屋外機は一般には屋外空気を熱源とする場合が多い。しかし、外気温が低く湿っている場合は熱交換効率が低下し、出力が低下する欠点がある。そこで熱源として井水を用いると、一定水温のため出力アップになる。井水を汲み上げると地盤沈下が起こることから、地中熱を熱交換で利用するため杭を用いることになった。本建物ではそれをより安定させるため、蓄熱水槽も設置している。

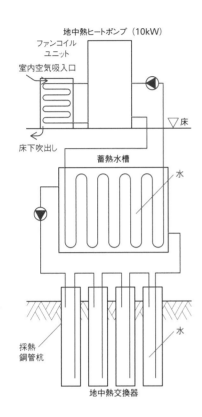

地中熱利用ヒートポンプチラーシステム

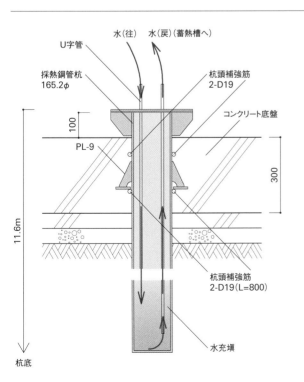

杭の取合い部分断面図 | 1/15

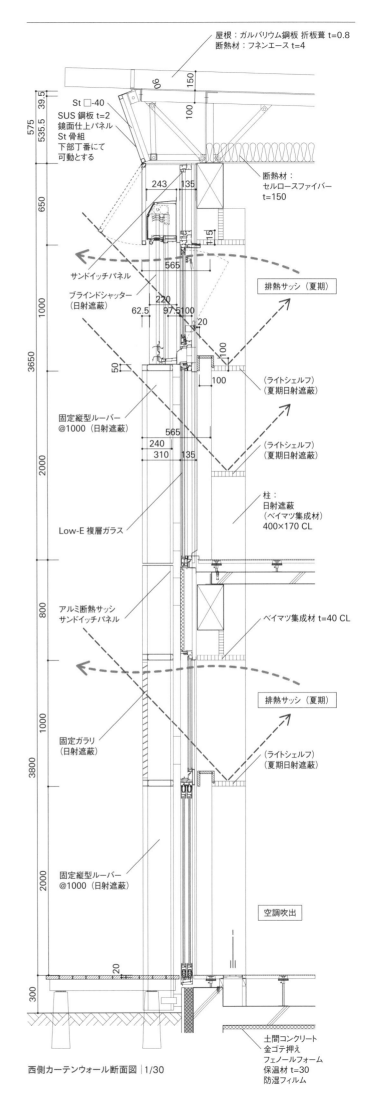

西側カーテンウォール断面図 | 1/30

柿沼整三 ｜ かきぬませいぞう

1950年　栃木県生まれ
1977年　工学院大学工学専攻科建築学専攻修了
　　　　工学院大学中島研究室を経て
1981年　ZO設計室主宰
1987年　ZO設計室代表取締役
　　　　関東学院大学、武蔵野大学、
　　　　東京理科大学非常勤講師を歴任
　　　　現在に至る
　　　　一級建築士、技術士（建築環境）、
　　　　設備設計一級建築士
　　　　LLPソフトユニオン会員
—

主な著書

『現場写真×矩計図でわかる！建築断熱リノベーション』
学芸出版社（2019、編、共著）
『建築環境設備ハンドブック』
オーム社（2009、編、共著）
—

主な設備設計建築

福島県立ふたば未来学園（辺見＋阿部設計共同体、2019）
屋久島町庁舎（アルセッド建築研究所、2019）
インマヌエル船橋キリスト教会（スタジオアルテック、2017）
エレテギアK&D（NAP建築設計事務所、2016）
パッシブタウン第1期街区（エステック計画研究所、2016）

大澤良二 ｜ おおさわりょうじ

1943年　東京都生まれ
1968年　東京工業大学工学部建築学科卒業
　　　　東京工業大学篠原一男研究室
　　　　技術補佐員を経て
1973年　住環境計画研究所共同設立
1978年　エステック計画研究所設立代表取締役
　　　　東京造形大学非常勤講師を歴任
　　　　現在に至る
　　　　一級建築士
—

主な建築作品

沼津の家（1972）
日本コンピューターダイナミックス社研究所（1978）
宮崎台木下ビレッジ（1979）
蓼科の山荘（1982）
南麻布共同住宅（2002）
野川エコビレッジ（2004）
YZK本社ビル（2004）
つくば建築試験研究センター（小玉祐一郎共同設計、2008）
世田谷代田コーポラティブハウス（2011）
代々木上原コーポラティブハウス（2020）

断面図でわかる建築設備

2022年 1 月10日　第1版 発　行
2023年 3 月10日　第1版 第2刷

著作権者との協定により検印省略

著　者　柿 沼 整 三・大 澤 良 二
発行者　下　出　雅　徳
発行所　株 式 会 社 彰 国 社

162-0067 東京都新宿区富久町8-21
電話 03-3359-3231（大代表）
振替口座　00160-2-173401

自然科学書協会会員
工学書協会会員

Printed in Japan
印刷：真興社　製本：誠幸堂

ⓒ柿沼整三・大澤良二　2022年

ISBN 978-4-395-32172-8 C3052　https://www.shokokusha.co.jp